Christian Müller

Analyse des Scheiterns
oder das Prinzip der Selbsterschaffung

Mit ausgewählten Beiträgen von:
O. Spengler
A. N. Whitehead
H. Maturana
M. Heidegger
R. v. Weizsäcker
H. Bergson
S. Brown

Bibliografische Information
der Deutschen Nationalbibliothek:

Die Deutsche Nationalbibliothek
verzeichnet diese Publikation in
der Deutschen Nationalbibliografie.
Detaillierte bibliografische Daten
sind im Internet über
http://www.d-nb.de abrufbar.

Alle Rechte der Verbreitung,
auch durch Film, Funk und Fernsehen,
fotomechanische Wiedergabe,
Tonträger, elektronische Datenträger
und auszugsweisen Nachdruck,
sind vorbehalten.

© 2019 novum Verlag
2. Auflage

ISBN 978-3-99048-760-0
Lektorat: Alexandra Eryigit-Klos
Umschlagfotos: Agsandrew,
Sumkinn | Dreamstime.com
Umschlaggestaltung, Layout & Satz:
novum Verlag

Gedruckt in der Europäischen Union
auf umweltfreundlichem, chlor- und
säurefrei gebleichtem Papier.

www.novumverlag.com

*The Universe is a well-written poem full of tragedy,
beauty and cold symmetric indifference and most of all,
an eternal question that accompanies us throughout
this seemingly endless sequence of trial and error,
but nonetheless gracefully granting us
our fifteen minutes of star-spangled glitter.*

*Those poetries well-spoken lines
expressing the will of nature
in form of abstract numbers and symbols.
A bible of scientific commandments that how it seems,
is the only one be able to tame that gruesome infinity,
without adding any more confusion.
At least for a paradigm or two.*

*But despite our best effort or intention,
yet, just another shout into darkness,
that echoes back into the human vault
and soon slowly fads out into oblivion.*

Vorwort zur überarbeitenden Ausgabe

Jeder neue Gedanke oder Gedankengebäude entwickelt sich erst. Es ist Vollzug und Prozess und erscheint nie voll und ganz und geschlossen vor den Augen. Erst mit einigem Abstand werden eventuelle Zweideutigkeiten, Inkonsequenzen oder neue mögliche Lösungsansätze sichtbar.

Zudem war uns zum damaligen Zeitpunkt die Philosophie von Spencer Brown nicht bekannt. Aufgrund der Nähe zu den Philosophien von Weizsäcker, Whitehead und Maturana wollten wir ihn daher nicht unerwähnt lassen, sondern ebenfalls als Autorität und Bürge für das Konzept der organistischen Philosophie aufrufen. Wir verweisen dabei in diesem Zusammenhang auf die äußerst lesenswerte Einleitung zu Spencer Browns Philosophie von Felix Lau, aus der die nachfolgenden Überlegungen im Wesentlichen übernommen wurden.

Und natürlich sind wir uns dem Mangel an Formelwerk in diesem Essay bewusst. Doch primär geht es zunächst um Interpretationsfragen oder deutlicher: Dem Abschluss der *Kopenhagener Deutung*.

Gleichwohl wir uns von der physikalischen Intuition leiten lassen, nähren uns in diesem Exkurs von der philosophisch-erkenntnistheoretischen Seite, da uns die mathematische, wie es scheint, immer weiter fort von den grade so dringend benötigen Antworten treibt, ja mehr noch, das Fragen gänzlich eingestellt hat, wir uns also grade gegen den Strom und Feynmans Aufforderung („shut up and calculate") bewegen. So hoffen wir dass die neuerliche Überarbeitung wiederum zur Verbesserung beigetragen hat und auch andere Philosophen, Naturwissenschaftler oder einfach Interessierte, zu inspirieren oder gar zu überzeugen – sie also für die organistische Philosophie zu gewinnen vermag.

Symphonie des Lebens,
Währest nur ein Lachen lang,
Kaum das Kummer und Sorg im Tränenmeer ertrank.
Bangend Not, Stund' um Stunde band,
Schon im Himmel sanft ertönt,
Engelsgleicher Schwangesang.

Entlang des Werdens und Verderbens Pfad,
Des sterblich größten Geschenks
Sein größter Schrecken ward.

Die Zeit drängt und duldet nicht,
Des Schicksals fein geknüpfte Stricke
Unerbittlich sie zerbricht.
Doch zu entreißen bin nun bereit,
Mich dem Sog der kreisend' Zeit
Zu brechen, gleich sie zerbrach.

Vorwort

Fragen spiegeln im Voraus immer die ganze Not ihrer Zeit wider. Doch nicht nur zu fragen wie, sondern auch warum, bleibt ein kurioser, wundervoller und gleichsam typisch menschlicher Charakterzug. Es liegt in der Natur des Menschen sich seiner Existenz Rechtfertigung und Gewissheit zu verschaffen. Doch ob das Leben jemals verstanden, der Natur ein immanenter Sinn oder Zweck innewohnt, „… die Welt verstehen heißt sie auf Menschliches zurückzuführen, ihr einen menschlichen Siegel aufzudrücken", so Camus.

Im lebendigen Zielen auf seine eigene Selbstbegründung symbolisiert der Geist dabei nicht nur die Emanzipation des Verstehens über das Empfinden, sondern auch einen dauernden Ort autonom, kreativer Emphase.

Wir finden uns und unsere Bezüge zur Welt als dem verstehenden Sein überantwortete Wesen, gerade in jenen Worten gemessenen reflexiven Bezügen und Begrifflichkeiten, die das Leben als Ablagerung des kreativen Strebens der Natur selbst einfängt.

Der Begriff der Aufgabe ist nach Gasset Wesensbestandteil des Menschseins. Wir stehen somit selbst in der Verantwortung, denn jene erschöpft sich eben nicht nur damit zu sehen oder zuhören, sondern vielmehr darin das Mögliche auszuschöpfen; nicht Erlösung, sondern das endlose Überwinden und Erheben ist Vermächtnis und Pflicht: Der Erlös des geborgten oder wie es nochmals Camus formulierte: „… der Mensch ist nicht ganz schuldig, da er die Geschichte nicht begann, aber auch nicht ganz unschuldig, da er sie fortsetzte". Doch so liegt unabdingbar das Vermächtnis einer jeden Periode nun gerade darin, das Mögliche durch den seiner Zeit und Phase erfüllten Körper und damit vollzogenen Standpunkten zu ergreifen, ohne sich jedoch dabei den Blick von der Tradition her verdunkeln zu lassen.

Doch auch jene Sinnesfreuden und Stunden der Erkenntnis, in welchen wir jenes Mehr zu erfühlen glaubten, bedeuten letztlich nichts ohne sie zu teilen. Mit dem Verfassen dieser Schrift sehen wir unserseits uns nun der erdrückenden Last entledigt, all jene kostbaren Tage und Stunden durchschritten und aufgebraucht zu haben.

Bizarr die Nacht sich endlos weitet,
Sehnsucht die zum Lichte drängt.
In schwarzer Mystik prophetisch keimt,
Verheißung welche alles zu geben
Und nichts zu fordern scheint.
Und hin zu jenen fernen Welten
Der Mensch sich sehnt,
Denn nur dort, wo er nicht sein kann,
Er sich glücklich wähnt.

Doch zu winzig um empor zureichen,
Zu groß auch um zu gleichen.
Entrückter Geist, der brenn'd Seel' entsandt,
Mit Weisheit zu erfüllen,
Voll Ungeduld und Tatendrange
Das Verborgen' und Stille zu enthüllen.
Doch nie gelingt's, der unstillbar Dürste zu befrieden
Und aller Zweifel gänzlich zu besiegen.

Denn nicht kann gefasst,
Was nicht umhüllt.
Nicht entkleidet, was den Stoffe meidet.
Nicht kann genomen,
Was nur gegeben und nicht entzogen,
Was ewig zu währen, noch betrogen.
Nicht kann zerbrochen,
Was so behutsam gereift
Und doch lässt sich nicht unterjochen
Der Sturm des Lebens,
Der aller Seel'und Herzen streift.

Inhaltsverzeichnis

Vorwort zur überarbeitenden Ausgabe 7
Vorwort 9
Einleitung 15
1 Spengler – Sturm und Drang 25
**2 Bergson – Das Leben als Gegensatz
zum mechanischen Weltbild** 30
3 Maturana – Der Baum der Erkenntnis 38
3.1 Das Halten in der Rekurrenz des Sprachhandelns 38
3.2 Wissenschaft und Wirklichkeit 42
3.3 Einheit, Teil und Organisation 47
4 Heidegger – Das Sein des Da 53
4.1 Der hermeneutische Zirkel des Seins 53
4.2 Die Charakterisierung des Daseins 56
    4.2.1 Wer ist es? 56
    4.2.2 Die Unabgeschlossenheit des Daseins 57
    4.2.3 Die Geworfenheit des Daseins 58
    4.2.4 Das erschließende Verstehen 59
4.3 Die Leitfäden der Wissenschaft 62
5 Whitehead – Prozess und Wirklichkeit 65
5.1 Das wirkliche Einzelwesen 65
5.2 Das ontologische Prinzip 67
5.3 Das subjektive Ziel der Erfüllung 68
5.4 Die Konkretisierung 71
5.5 Die Theorie der Wahrnehmung 76
    5.5.1 Das Empfinden 76
    *5.5.2 Physische, begriffliche und
         umgewandelte Empfindungen* 78
5.6 Ordnung und Ordnungsschemata 85
    5.6.1 Der Nexus 85
    5.6.2 Das Leben als Katalysator von Ordnung 91
    5.6.3 Das extensive Kontinuum 92

5.7 Kausale Empfindungen, vergegenwärtigende
Unmittelbarkeit und symbolischer Bezug 95
5.7.1 Aussagen 102
5.7.2 Das Urteil und die emotionale Form 105
6 Spencer Brown – Die Form der Paradoxie 107
**7 Eine kurze Bestandsaufnahme
als Wissenschaftskritik** 116
7.1 Realität und Weltbild 116
7.2 Die Paradoxien der Naturwissenschaft 123
7.2.1 Das ontologische Paradox 123
7.2.2 Das epistemische Paradox 126
7.2.3 Das methodologische Paradox 129
**8 Die epistemisch-ontologischen Voraussetzungen
und Fehlschlüsse der Quantenphysik** 136
8.1 Das Weltbild der Organistik 136
8.2 Ist Wirklichkeit relativ? 142
8.3 Rund um das Messproblem 145
8.3.1 Theorie – das Skalpell des Wissenschaftlers 145
8.3.2 Der Messprozess 148
8.3.3 Gibt es eine bevorzugte Basis? 155
*8.3.4 Zustandsreduktion,
Dekohärenz und Bohmmechanik* 157
8.4 Realität revisited 166
8.5 Das Dasein als Beobachter 173
8.6 Moderne, Klassik und Organistik Hand in Hand 177
9 Zeit und Wissen 180
9.1 Thermodynamik 180
9.2 Der Informationsbegriff 188
**10 Das *„achte"* Millenniumproblem
für Supernerds** 198

Einleitung

Jede Zeit schreibt ihre eigenen Tragödien, besitzt ihre Höhe – und Wendepunkte. Und so folgte dann auch bald die Ernüchterung; denn dessen was nur noch ein letzter notwendiger Schritt hätte sein sollen, zu einer Zeit, als man sich den Sternen schon so nah zu fühlen glaubte; lehrte uns zu bescheiden, von unseren Vorurteilen und Hoffnungen Abschied zu nehmen. Der Wunsch auf einer letztlich elementaren Ebene objektive und unveränderliche Einheiten vorzufinden, aus denen sich das Weltgerüst nach noch zu bestimmenden Gesetzen zusammensetzt, erfüllte sich nicht. Doch es eröffnete sich ein Tor zu einer gänzlich neuen Welt, die es zu erschließen und darzustellen galt. Und die Arbeit war schnell getan, doch niemand wusste sie so recht einzuordnen. Ein erster und letztlich nie recht abgeschlossener Versuch mündete in der sogenannten Kopenhagener Deutung. Eine Art Kochbuch, welches zwar selbst keine Antworten, dafür aber doch einige nützliche Anleitungen für den sachgemäßen und rechten Gebrauch gab, um wenigstens den gröbsten Widersprüchen und Ungereimtheiten aus dem Weg zu gehen. Der Knackpunkt bleibt dabei jedoch gerade der Heilige Gral der Wissenschaft: Der *Realitätsbegriff*. Jener lässt sich in seiner naiven Fassung nicht mehr widerspruchslos in das moderne Weltbild integrieren.

Daten und Fakten waren das Symbol der letzten großen Epoche. Unsere Zeit ist das Alter der Prozess-, System- und Informationstheorien. Doch geben uns diese willkürlichen Elemente der Natur andererseits auch zu bedenken, dass wir uns immer in einer speziellen Phase der Naturgeschichte befinden. Dieser Exkurs will jedoch gerade das metaphysische Denken von diesen speziellen Epochen und den damit implizit vollzogenen Halte- und Standpunkten losgelöst wissen und zielt darauf, Natur als autopoietischen Prozess und sich selbst schöpfendes und erhaltendes System zu verstehen.

„Ein Prinzip dunkelgründig als ob es nicht sei und doch ist es zwanglos aus sich selbst wirkend, gestaltenlos und doch voll zauberischer Kraft. Alle Dinge ernährt es und doch wissen diese nichts davon. Dies ist des Ursprungs Wurzel". Wer es kennt, kennt nach Chuangtse Natur.

Nun lässt sich nach Spengler zwar aus dem Charakter einer Gegenbewegung leicht ersehen was sie bekämpft, hingegen aber immer ebenso schwer erkennen, was sie eigentlich erreichen will. Dieses Büchlein schöpft seine Kraft und Inspiration vornehmlich aus den ihr zugrunde liegenden Quelltexten der organistischen Philosophien, derer letztlich alle nur ein und denselben Gedanken in sich tragen: Die Weltgeschichte als Bild einer ewigen schöpferischen Gestaltung und Umgestaltung, eines wunderbaren Werdens und Vergehens organischer Formen und metaphysischen Entmechanisierung.

Von nun an stehen also nicht mehr Eigenschaft oder Maß, sondern System und Beziehung im Mittelpunkt des Interesses; eine Mechanik der Umbildungen, welche fortan die Operationen selbst mit einbezieht. Ein wechselseitig sich bedingendes und auf einander bauendes Beziehungsgeflecht mit Zug zur unendlichen Mannigfaltigkeit. Ein Standpunkt der sich seiner Möglichkeiten und Grenzen vollends bewusst und nicht vom zufälligen Standort des Betrachters, als interessierendes Glied einer bestimmten Kultur abhängt, die ihn verführt den Stoff aus einer beschränkten Perspektive zu lesen, ihm eine willkürlich an der Oberfläche anheftende Form, ausgehend von den zufällig gegenwärtigen gültigen Idealen zu geben.

Enthält die Moderne die klassische Physik als Grenzfall, so beruht hingegen die eigentliche versinnbildlichende Geistestätigkeit des Wissenschaftlers gerade auf dem entgegengesetzten Fall, in welcher die Klassik die Moderne als Grenzfall einschließt. Aber wie auch dem Geist Gewalt antun? Eine Paradigmenangleichung ist mit keinem Grenzübergang, Retuschieren und Modifizieren mehr zu erreichen.

Der Realitätsbegriff, dessen worauf sich die Wissenschaft in erster Instanz beruft und in höchster Abstraktion zu umgreifen versucht, bleibt die beobachterunabhängige Beschreibung einer Wirklichkeit; einer Realität wie sie Einstein geliebt, Bohr abgelehnt hätte. Das erklärte Ziel – der Titel dieses Büchleins deutet es an, bleibt hingegen grade die Befreiung vom diesem Erkenntnisideal der klassischen Physik und die Darstellung einer ontologisch-epistemischen Alternative, mit Hinblick auf das Paradigma der Moderne.

War der Realitätsbegriff naiver Auffassung noch der große Motor und Triebkraft, so stellt er mittlerweile doch ein ebenso großes Hindernis dar, welches es ebenso hartnäckig zu bekämpfen gilt. Es war der offensichtlichste, notwendigste und dennoch der Kardinalsfehler aller Erkenntnis – und Wissenschaftstheorien. Doch der Naturwissenschaftler tut was er tun muss; aller Fortschritt respektive alles Scheitern vollzieht sich nur an und durch greifbare Tatsachen. Die Tat kann sich nicht im Irrationalen oder an einem Ideal vollziehen. Somit bleibt der Wissenschaftler unausgesprochen Realist, wenigstens doch Pragmatist.

Der Philosoph – bleibt er konsequent, muss sich hingegen vollends auf das Subjekt als Apriori aller Erfahrung stützen und mit ebenso entschiedener Vehemenz alles darüber hinaus vernachlässigen. Hier liegt bereits eine jener Hürden einer gemeinsamen Naturbeschreibung verborgen. Wir brauchen eine metaphysische Erklärung, welche sich wieder mit der der modernen Naturtheorie zur Deckung bringen lässt. Es braucht darüber hinaus ein Naturbild, dass nicht auf äußere Gründe und Beweger angewiesen ist, denn Welt als ein solches Totalitär kann definitionsgemäß keine äußeren, sondern nur innere Ursachen, Bewandtnisse und Wahrheiten haben.

Nun ist der Prozess der Selbsterschaffung dabei kein Kunstgriff, welcher die Anfangsgründe nur nach innen transformiert und so die Problematik, sich immer weiter nach hinten verschiebenden Verlagerungen umgeht; sondern er zielt vielmehr auf die Freilegung der ontologischen Struktur dieses Prozesses. Eine unmittelbare Konsequenz und eine der Kernthesen der organistischen Philosophie bleibt dabei gerade die Annahme, dass sich alle Probleme der Erkenntnistheorien nur als Rückgriff auf die Ontologie und umgekehrt, verstehen und lösen lassen. Sie stellen keine getrennten Probleme sondern verschiedene Aspekte ein und derselben Medaille dar.

In Whiteheads Sprache wird der Begriff der fließenden Energie im Zuge *physisch-begrifflicher* Umwandlungen diesem Sachverhalt Rechnung tragen. Das Prinzip der Selbsterschaffung scheint uns fremd und unwirklich und doch begegnet es uns nahezu auf allen elementaren Ebenen, angefangen von den inneren Zusammenhängen zwischen der Materie und den ihr inhärenten Gesetzmäßigkeiten, bis hin zur Selbstreplikation des Lebens. Im Allgemeinen betrachten wir diese gewöhnlich als *Henne-Ei-Probleme*, deren Verständnis erst mit dem Begriff der *Gleichursprünglichkeit* Heideggers ermöglicht wird. Das Sein ist korrelativ mit dem Werden korreliert und damit zur zweiten Hauptthese und Präambel der der organischen Philosophie: *Der Weg ist das Ziel*!

In der Organistik besitzt einzig der Prozess unmittelbare Wirklichkeit. Epistemologisch ist somit nicht eine Unvollkommenheit des Erkenntnisvermögens schuld, sondern vielmehr die auf dieser Struktur beruhenden immanenten System – und Prozessgrenzen. Subjekt und Objekt lassen sich erkenntnistheoretisch nicht mehr nach der einen oder anderen Seite hin gewichten. Erkenntnis fußt in der Organik gerade auf der Verwobenheit der Dinge. Wirklichkeit bleibt somit auch immer auch ein perspektivischer Standpunkt und sein bestimmendes Element die *Abgrenzung*.

Es liegt in der Natur der Sache als Selbsterschaffungsprozess, dass dessen konstitutive Vollzugsformen aus einer zumeist komplementären Mitte heraus entwickeln, welche somit jedwede

Möglichkeit von Allaussagen oder Letztbegründungen unterbinden, mehr noch, die Potenzialität welcher dieser Struktur immanent ist, uns so zu einem endlos sich fortsetzenden Abenteuer führt.

Potenzialität ist die Freiheit sich den entsprechenden Forderungen und Erfordernissen seiner Zeit anzupassen. Zu evolvieren. Fortwährend wird dieser *Brennstoff* zur Entfaltung von Ordnung und Wissen verbraucht. Die organistische Philosophie will und kann kein Analogon zum naiven Realitätskonzept bereitstellen, denn gemäß ihrer Präambel richtet sie sich gerade am vollziehenden Prozess selbst aus. Doch im Gegensatz zu den traditionellen Philosophien erklärt sie auch nichts weg, sondern legt wie es Weyl forderte „… unverblümt den Finger in die Wunde, anstatt diese geschickt zu umschiffen".

„Ein metaphysisches Denken hat ohne letzte Gründe auszukommen, es muss sich selbst an den Abgrund bringen", bekräftigt Heidegger. Dies leistet zweifelsfrei die organistische Philosophie, was man ihr vorab jedoch nicht unbedingt zu ihren Gunsten hin wertet. Wir fordern aber auch keinen Bonus oder Vorschusslorbeeren, denn einzig einen aufgeschlossenen Geist, der fähig und willens sich über die Gewohnheit der täglichen begegnenden Welt, welche sich tief in das Knochenmark der Anschauung gegraben hat zu erheben. Die organistische Lehre, wonach reale Einheiten mehr sind als nur zusammengefasste Disjunktionen der enthaltenden Elemente, ist die Binsenweisheit der Kunst der Moderne. Ihre Motive sind die Gestalten und Formen, ein von Potenzialitäten sich nährendes Geflecht. In sich verwebende Strukturen, dessen Essenzen sich zu ganzheitlich geschlossenen Gebilden erheben, derer das Mögliche zum Wirklichen drängen.

Sicher braucht es im Auge des Betrachters eine Zeit lang um das abstrakte in seiner bestechenden Brillanz zu erfassen, die Antipoden und Symmetriebrüche aus denen es erwächst aufzulösen. Doch schimmern erst einmal die Formen an der Oberfläche, ziehen sie ihre Bahnen und ergreifen Besitz, werden zum Dogma, aus dem auch das wissenschaftliche Paradigma erwächst. Naturwissenschaft und Philosophie verschmelzen so zu einem Ganzen, aber teilbare Aspekte einer einheitlichen Weltschau. Doch auch eine solche Philosophie wird nicht an einem einzigen Tage geschaffen, sondern durch gemeinsame, fortgesetzte und einander sich ergänzende, berichtigende und verbessernde Bemühungen vieler, in dessen Zenit sich vielleicht die technisch formale Niederschrift finden wird.

So wies Nietzsche bereits darauf hin „... dass kein Fluss durch sich selber groß und reich ward, sondern weil er viele Nebenflüsse aufnahm und fortführte". Als eine dieser Strömungen und ständige Quelle der Inspiration, wie auch Nachschlagewerk, von der hier bisweilen vielleicht mehr Gebrauch gemacht wurde, als dies ursprünglich geplant war und Sitte ist, sei hier stellvertretend für alle eventuell nicht namentlich erwähnten Beiträge, Gedanken, Zitate oder Autoren, derer mit einer Vielzahl kleiner, dennoch wichtiger Beiträge und so hoffentlich zum Gelingen dieser Schrift beitrugen, das wissenschaftliche Forum *Wikipedia* genannt.

In jedem Falle ist und bleibt dieses Werk weder die Stimme eines einzelnen Autors, noch bloßes Sammelsurium einiger Jahrhunderte abendländischer Kultur, als vielmehr Fragment oder Skizze einer sich weiterentwickelnden Schrift- und Gedankenmasse, die der Mitarbeit weiterer bedarf. Es ist die Suche in der Vielfalt und Fülle der Erscheinungen, einfache und allgemeine Prinzipien anzugeben. Das Verlangen das Gefüge der Welt in einer umfassenden Struktur und Methodologie einzugliedern; auch wenn es für Camus „... nichts gibt, was das vergängliche Spiel der Erscheinungen zu transzendieren vermag, folglich das Scheitern am Ende des Geistes steht".

Verbunden mit diesem Abenteuer stellt sich gleichfalls die Frage nach einer geeigneten Form der Darstellung. Feuerbach sah „... in jedem Werk ein Brief an die Menschheit..." und „... um einen guten Liebesbrief zu schreiben – so der von seinen Leidenschaften geknechtete Rousseau – muss man anfangen ohne zu wissen was man sagen will und enden ohne zu wissen was man gesagt hat". Einigen wir uns daher in der Mitte und versuchen den Funken welcher einer schier unstillbaren Leidenschaft seit jüngsten Jahren entsprungen, hier am Leben zu erhalten und im Gegenzug, ihn in eine für den Leser und des Werkes dienliche Form zu zwängen.

So sahen wir uns daher gezwungen einen Kompromiss dergestalt einzugehen; zum einen unter der Wahrung grade des Ziels dieses Buches, eben den Leser für die organistische Philosophie zu gewinnen und gleichsam die Interessen des Lesers selbst, im Hinblick auf Lesefluss und Verständnis zu wahren, welches jedoch ein pausenlos fortgeführtes Quotieren, Verweisen und Zitieren – wiederum den Belangen der einzelnen Autoren Rechnung tragend, diesem Ziele wohl entgegenstehen würde und nicht zuletzt eine unwirkliche Zerstücklung ihrer Werke und Gedankengänge zur Folge hätte, sodass wir uns letztlich der Pflicht und Schuldigkeit ausgesetzt sahen, auf einen einheitlichen Gesamtaufguss von Gleichklang und Synthese zu zielen, welcher weitestgehend für den Erhalt der inneren Ästhetik, jener bereits in der Geschichte verewigten Werke bürgt, deren wir uns als Quelle wie Werkzeug; frei jener großen Worte und Gedanken hier zu bedienen gedenken. In Schopenhauer noch einmal Bestätigung finden: „Schönheit ist ein Empfehlungsbrief, welcher es vermag die Herzen im Voraus zu gewinnen".

Doch ein einziges Buch kann nicht alle Gebiete erschöpfend behandeln und will es auch nicht, sondern nur insoweit es für seinen engeren Rahmen und für sein Eigeninteresse von Gewicht ist. Es bleibt daher immer eine Gratwanderung von allgemeiner ästhetischer Überzeugungskraft und fachlich akribischer Spezifikation, wie etwa der zwischen Bergson und Whitehead. Bergson mit seiner ästhetisch, bildhaften Sprache, die sanft an der Oberfläche, ohne jedweden Widerstand entlang gleitet und somit der Intuition Tür und Tor öffnet. Ihm gegenüber steht Whitehead, der wohl als der eigentliche Begründer der organistischen Philosophie angesehen werden darf. Whitehead – Genie und mathematischer

Akribiker, dessen Lebenswerk jedoch nicht ohne eine gewisse Ironie ist. Kaum vor der Vollendung stehend, brachte ein junger bis dahin weithin unbekannter Mathematiker sein und Russels epochales Werk zum Einsturz. Whitehead flüchtet in die Philosophie. Doch sollte es weniger eine Flucht, denn Befreiung werden. In bereits reifem Alter beginnt er mit dem Ausbau seiner eigenen Philosophie. Ob er sich selbst darüber klar war, wie weit sie doch gerade dem entgegensteht, was ihn zur eigentlichen Aufnahme der Arbeit an der *Prinzipia Mathematica* motivierte?

Irgendwo dazwischen finden wir Spengler – Mathematiker sicher – doch vielmehr auch ein literarischer Wagner, dessen metaphysischer Sturm durch unsere Einführung weht. Heidegger der wie Whitehead die Zeichen der Zeit erkannt und richtig gedeutet hat und mehr noch, in sicher oft gewöhnungsbedürftigen Neologismen, uns das unausdrückbare fast kafkaesk vor Augen führt. All jene Autoren stehen – bekennend oder nicht, wiederum in der Tradition der europäisch abstrakten Philosophien.

Die Hauptgefahr für die Philosophie liegt nach Whitehead in der Enge der Auswahl des Anschauungsmaterials, was wiederum auf Berührungsängste einzelner Gruppen, Denkschulen oder gar Epochen beruht. Hier kommen sieben Autoren mit verschiedenen Temperamenten, Denkschulen und teils unterschiedlichen Epochen und Intentionen zu Wort, die um einen Sprecher erweitert werden, dessen subjektive, doch nicht zuletzt dogmatische Stimme eisern gewillt ist, diese Abhandlung in die gewünschte Richtung zu treiben, daher all jene Philosophien und Werke eben nur insoweit versklavt, wie es gerade dem Werk, welches unter dem Banner der organistischen Philosophie weht, von Bedeutung und Eigeninteresse ist. Daher mögen sich im Zuge dieser Synthese und Auslegung gelegentlich ungehörige Kürzungen, Angleichungen und streitbare Interpretationen auffinden lassen, dennoch sind wir der festen Überzeugung, dass all jene Autoren und Denker, Philosophen und Naturwissenschaftler, diesen organistisch konzipierten Gesamtaufguss so unterzeichnet und gut geheißen hätten.

Wenn das Leben aus der Vielzahl jener schmerzhaften Lektionen, die es die Freundlichkeit hatte uns zu erteilen eins lehrte, dann eben die Erkenntnis des goldenen Mittelweges. Glaubte sich Kant noch als ein solcher Vermittler, so brachen letztlich doch erst Heidegger und Whitehead mit den traditionellen Subjekt-Objekt Philosophien. Doch gleich wo oder wie man gewillt ist anzusetzen, bleibt das Leben in seiner Unmittelbarkeit, Bedeutung und Gewissheit die einzig uns verfügbare und wahrnehmbare Stimme und verkörpert grade in seiner typisch immanenten Rück- und Selbstbezüglichkeit, einen ersten Hinweis auf das Prinzip der Natur und damit des Seins selbst, das im *Leben* eben selbst schon je zu Worte gekommen ist.

Folglich wurde es für all jene Autoren selbst zum Ausgangspunkt und zentralen Thema ihrer Philosophien. Es kennzeichnet den Beginn und Endpunkt allen Strebens und nicht zuletzt wissenschaftlichen Handelns; gleichwohl es nur die Spitze, das Konzentrat einer universellen Bewegung symbolisiert, welches die organistische Philosophie systemisch zu umgrenzen und prozessual zu beschreiben versucht. Doch wenn wir uns somit eingestehen, dass der Aspekt des Lebens selbst nicht mehr vernachlässigbar sondern stets mit einzubeziehen ist, dann impliziert dies bereits schon den Bruch mit den traditionellen Philosophien und Weltbildern.

Bewusstsein ist das Empfinden seines Selbst. Auch wenn der Körper noch ganz Natur, so drängt der Mensch doch immer mehr in dieses organische Prinzip, in sein eigenes Wachstum und Werden hinein. Doch somit dürfen wir nicht naiver Weise glauben, dass dabei nur ein einziger Blick, nur eine Periode oder Theorie, nur eine Logik genügt, um die Welt in all ihren Facetten, Variationen, Zusammenhängen, Gestalten und Formen; ihren Zusammenhalt und organischen Bezügen, Relationen und Ordnungen, ihrer Potenzialität und freien Variablen zu erfassen und darzustellen.

Natur ist ein Pfad voller Irrtümer, Widersprüchlichkeiten und gegenläufigen Bestrebungen. Sie besitzt dabei kein eigentliches raumzeitliches, doch sehr wohl ein ontologisch-epistemologisches Zentrum. *Das Zwischen!*

Auch wenn nun jede neue Philosophie kraft ihres Schwunges und gefestigten Selbstbewusstseins zur Überwindung drängt, so liegt es doch auch im Wesen der Natur und insbesondere des organistischen Prinzips selbst, fortwährend an den eigenen Grenzen zu rütteln. Vielleicht ist Philosophie zu einem guten Teil einfach auch nur eine notwendige Freiheit, eine tief immanente reflexive Haltung im Zuge der Selbsterhaltung neue Wege, Mittel und Methoden verfügbar zu machen, um die eigenen Grenzen zu überwinden.

Diese Schrift ist daher nicht als eine streng wissenschaftliche Abhandlung verfasst, sondern soll vielmehr dazu verführen, ein wenig zu sinnieren, abzuschweifen und zu hinterfragen. Nichtsdestoweniger kann aus dem hier zum Methode und Prinzip erklärten, Kraft geschöpft, Sinn und Wert abgeleitet werden und Aufbruch zu neuen, aufregenden Ufern erfolgen.

Es gibt somit ein gemeinsames Band, welches in seiner unerreichbaren Gänze zur Einheit fließt; mag es auch nicht geschlossen darstellbar oder gar irrational erscheinen, das Ideal damit auch immer an der Tat und Wirklichkeit zerbrechen, gleichsam es doch auch kein Rechtsanspruch auf Harmonie und Gleichklang gibt. Denn die Wesenszüge sind niemals gänzlich verwirklicht, sondern immer nur auf dem *Weg* dorthin und nach der Organistik ist jener wiederum gerade das Ziel.

1 Spengler – Sturm und Drang

Im Lichte des Tages verleugnen die nahen Dinge den fernen Raum, in den Nächten siegt der Weltraum über die Materie. Wenn das nüchterne Tageslicht dem sinnlichen Rot der Abendsonne weicht, fühlen wir uns aller stofflichen Last entledigt, von den Bürden des Sorgens und Besorgens befreit; die gezäumte Seele wieder in die Freiheit entlassen. Nun misst der Atem des Lebens nicht mehr in Sekunden oder Metern, sondern durchschreitet in Jahrmillionen von Lichtjahren in einem Zuge. Es verkehrt sich das Bild; nicht sein natürliches Habitat wirkt zwanghaft auf ihn ein, sondern der Geist nimmt fragend und wundernd, wieder liebend an.

Jener Moment der Gegenwärtigkeit reiht die großen Epochen formlos aneinander, richtet verheißungsvoll den Blick in die Ferne. Der über die Horizonte schweifende Geist bindet das Ferne, die Zukunft im Hier und Jetzt. Das Morgen empfindet er als Aufgabe und Ziel. Im losgelösten Erfühlen erstarkt das im Moment geballte Leben und gibt die leidenschaftliche Richtung vor; weckt ein Gefühl von übermütiger Größe und unbedingtem Willen, sich an diese ferne Mystik, an dieses geheimnisvolle Rätsel zu wagen. Von nun an umspült er die Welt mit einem sehnsüchtigen Verlangen, einen nie zu stillenden Hunger nach Weiten und Tiefen, dieses Unendliche für den Menschen fassbar zu machen. Es ist nicht leicht sich dieser Kraft zu widersetzen und noch schwerer sich innerhalb vertretbarer Grenzen zu bescheiden. Jenes Gefühl des Erwachens konvergiert nicht in ein Formelgeflecht, sondern treibt hinaus, den Hunger, die Gier nach Leben und Vervollkommnung zu stillen; manifestiert sich als Sehnsucht nach Schönheit, Größe und Unsterblichkeit, findet als universelle Liebe in Form von Erkenntnis, Dichtung oder Kunst Hoffnung und Erfüllung. So bedrängt ein schauriges Gefühl von tiefer Empfindsamkeit und mit bedeutungsvoller

Identität erhebt sich aus der Trunkenheit der Sinne nun der aufstrebende Geist. Ich und Weltgefühl beginnen zu wirken.

Im Zuge dieses Autonomiebestrebens steht nun Natur als Objekt und Aufgabe vorstellig. Jede Kultur ist nur Steigerung dieser Empfindsamkeit. Ein Dasein das mit tiefstem Bewusstsein geführt wird, das sich selbst zusieht, eine Kultur der Memoiren und Ausblicke. Alle Ethik dieser Kultur will dem Leben die denkbar aktivste Form geben. Damit steht aber auch der Gegensatz von Innen – zur Außenwelt; eine aus der körperlichen Beschränktheit sich nährende Weltangst, gegen die Kräfte des Chaos nach außen und des Unbewussten nach innen.

Aus dem Kontrast des mit der Erde verbundenen traumhaften Daseins, dass der unnahbar schwarzen Weite des unendlichen Raumes entgegensteht, erhebt sich nun die ihrer Einsamkeit im All bewussten Seele zur Zentralsonne, von der sie die Welt perspektivisch abmisst und etwas sucht, was lange vor ihr anhob und lange nach ihr endet. Etwas was sie begreift und teilnimmt: Den Konsens am Allgemeinen. Diese zu stillende Sehnsucht ist aber vor allem auch die Angst vor der grausamen Mitgift, die das Leben selbst mit sich führt und unnachgiebig einfordert. Schon in der Gegenwart fühlt man das Vergehen, in der Zukunft das Ungewisse. Der gewaltsame und vernichtende Ernst über diese Einsicht drängt mit Notwendigkeit zu Illusion und Trost; eine im unbewussten Dasein liegende triebhafte Abwehr. Die tragische Moral einer Kultur begreift die Schwere des Seins, zieht daraus jedoch ein Gefühl des Stolzes – Spengler spricht von einer „berauschenden Schönheit im Ertragen".

Die Überwindung jener Angst ist die des Bannens, Fassens und Gestaltens, die symbolische und symbolhafte Grenzsetzung, in welcher nicht der Mensch sich den Mächten der Finsternis nährt, sondern vielmehr er sich dieser Welt als greif- und begreifbare, als ein mathematisches Universum bemächtigt. Das ist seine und nur seine Welt, nicht die Welt *an-sich*. Doch dieser Eroberungs – und Verwirklichungsdrang sprengt bald die engen Grenzen der

Sinn- und Sinneswelt. Er will weiter, will verschmelzen mit dem was nicht herausgelöst erfahren und gedacht werden kann. Die Welt steht somit der bekannten Paradoxie gegenüber, dass sie zumindest in den höheren Wirklichkeiten nach neuen verlangt und doch zugleich heimgesucht wird von der Angst, vor dem Verlust der Vergangenheit mit ihren Vertrautheiten und Geliebten.

Doch wehe dem Verlangen nach Ausdruck steht ein Hindernis vor. So drängt der Geist mit seiner ganzen Vehemenz und Systematik hin zu neuen Ufern, treibt seine Schiffe ins Exil hinaus auf die offene See, peitscht auf der Suche nach Mythen und Zukunft durch aller Schleusen, als wären jene Myriaden von Kämpfen nivelliert. Heimatlos, irrend errichtet er Notbehelfe, adoptiert, unterjocht und verdammt; dürstend den bittersüßen Nektar der Wahrheit bis auf den Grund der Schale zu leeren, bis die Flut neuerlich hinein bricht und das Wesen berstet.
 Das Maß der Natur ist die Maßlosigkeit. So scheint es auf der Suche nach Sinn und Wahrheit keinen Fixpunkt, keinen festen Anker der tief genug wurzelt, keinen sicheren Hafen zu geben, den wir jederzeit anlaufen könnten. Alles scheint sich in Widersprüchen und Zirkeln aufzulösen. Gleich welche Strömungen oder Tendenzen tangieren, sie greifen allesamt nach dem Unmöglichen, nach dem was weder der Zeit noch der Möglichkeit nach umgestoßen zu werden vermag.

Wenn Philosophie somit um Unmögliches ersucht, so erfährt diese Unternehmung einzig im Zweck Berechtigung. „Gründe stammen aus Überzeugungen und nicht Überzeugungen aus Gründen", so Kierkegaard und „... die Quelle dieser Überzeugung ist das Ideal" und die Quelle des Ideals wiederum bleibt nach Schlegel „... der heiße Durst nach Ewigkeit". Die Wissenschaft sucht in ihr ihre Prinzipien, das Wahre Recht, die Hoffnung Halt, das Vergängliche Zuflucht, das Flehen Antwort und der Dogmatiker letztlich Bestätigung.
 Doch liegt die eigentlich fruchtbare Kunst bereits schon im *Fragen* selbst. So verführen gerade die großen, in Stein gemeißelten

ewigen und letzten Fragen zum unbedingten Glauben an das Mögliche: An das Wissen. Ein aufsteigendes Denken erschöpft diese *Urfragen* mit steigender Gewalt des geistigen Ausdruckes in immer neue Antworten, die ihr Körper als Verwirklichung dieser Kultur und inneren Möglichkeiten erfüllt.

Kritisches Wissen beruht dabei auf dem Glauben der Überzeugtheit des Verstehens von heute über das Gestern. Kann Kritik uns also – so Spengler „… von dem Albdruck der großen Fragen erlösen oder nur ihre Unlösbarkeit feststellen? Am Anfang glauben wir Ersteres, je mehr wir wissen letzteres". Dessen was gestern noch Gewissheit, ist heute bereinigt. Dies sind keine schöpferischen Zweifel die zum Ziele führen, sondern die Leugnung der Möglichkeit einer geschlossenen und widerspruchslosen Darstellung einer Naturwissenschaft überhaupt.

Philosophie verkörpert dabei eine notwendige Selbstkorrektur, die denkerisch kritische Tätigkeit die das Bewusstsein sich seiner eigenen Subjektivität angedeihen lässt und übergeordnet als geistiger Widerhall jenes Erlebens nach einer einheitlichen Interpretation verlangt. Jede Kultur besitzt dabei ihren eigenen symbolischen Ausdruck und bildet mit ihren Problemstellungen und Denkmethoden eine geistige Ornamentik, ein Kraftfeld der Überzeugung, die alle darin befindlichen Güter ihrer eigenen Spannung und Systematik einordnet. Natur als Ausdruck, Abbild und Funktion des geistig kulturellen Klimas. Als eine Gesamtheit unter der der Mensch sich selbst Einheit und Bedeutung einverleibt und so letztlich dem Leben Sinn, Richtung und Gestalt gibt. Erst der Mensch verfügt durch das vom sinnlichen abgezogene Verstehen über den Begriff des *Seins*. Die Grundlage unserer bewussten Existenz bildet dabei das Gedächtnis. Von nun an ist Leben die kurze Spanne zwischen den beiden Antipoden, was unbewusst auch wiederum immer unser Verhältnis zum Seinsbegriff bestimmt. Für alles andere verläuft das Leben abgesehen von einem instinkthaften, richtungslosen Gespür ohne Ahnung seiner Grenzen, ohne Aufgabe, Sinn und Ziel. Die Kenntnis von Leben und Tod und damit die Spanne der zur Verfügung stehenden Dauer, bleibt Ausgangspunkt allen Fragens, Wunderns und Drängens. Es bestimmt die Art des Schauens und die Bindung und Stellung zur äußeren Welt.

Dennoch jenes wunderliche Geschenk in seiner ganzen Tiefe und Konsequenz zu durchdringen, versagt sich aller rationalen Erklärung und kann letztlich nur Gleichnishaft versinnbildlicht werden. „Was ist das Wesen der Sturmwelle des Lebens gegenüber der Trägheit der Materie? Dieser Impuls – so Bergson weiter, der das Leben als ansteigende Woge der Materie entgegenwarf, flutet an diesem Punkte frei, das Hemmnis verlangsamend. Hier ist der Ort der Menschheit. Hier ist Bewusstsein". Hier liegt auch der Grundstein zur Erkenntnis der eigenen Freiheit und auch Lichtenstein glaubt, „... das der Mensch in seinem Verwirklichungsdrang ein so freies Wesen ist, das man ihm das, was er zu sein glaubt, nicht strittig machen kann".

2 Bergson – Das Leben als Gegensatz zum mechanischen Weltbild

Ordnung allein reicht nicht. Es ist die Ordnung die das Neue durchdringt und nicht in immer bloßen Wiederholungen vor demselben systematischen Hintergrund reflektiert. Der Körper mit seiner wunderbaren Ordnung ist dafür verantwortlich, dass die Schätze der vergangenen Umgebung in das lebende Ereignis ausgeschüttet werden. So bannt sich von bestimmten Punkten des Raumes an ein sichtbarer Strom, der die Körper – Lebewesen selbst herauslösend, nach und nach erfüllt. Dieser Fluss schreitet dabei grade durch Mittlerschaft derer fort, die seine Behüter sind. Tausende von ihnen müssen sich in Raum und Zeit wiederholen, damit sich das Neue herausbildet. Die gesamte Menschheit wird so zum ungeheuren Humus, fähig alle Hindernisse zu überreiten, vielleicht sogar den Tod.

Dennoch, „... das Leben kann nur rückwirkend verstanden, muss hingegen vorausschauend gelebt werden, doch es lässt sich eben immer nur rückwärts denken und nicht leben", so Kierkegaard. Im Zuge dieses Autonomie- und Emanzipationsstrebens besteht zunehmend nun eine der Hauptaufgaben darin, die Beziehung zu den äußeren Dingen vorzustellen, kurz: Die Materie zu denken. Das nach außen blickende und sich außerhalb seiner selbst stellende Leben, das sich die in ein Organ verwandelte Materie, als ein Glied einverleibt. So wächst dieser Impuls als Pflanze, Tier und schließlich im Mensch als Geist über sich selbst hinaus. Wachsende Präzision, wachsende Mannigfaltigkeit, wachsende Wirkungskraft und zunehmende Autonomie. Eine aufstrebende Maschine des Handelns, die sich fortwährend wie aus Kautschuk umstrukturiert, immer schärfere, mehrgliedrige und geschmeidigere Anpassungen an die Existenzbedingungen zeigt.

Die Hauptlinie des Intellektes zeichnet dabei vorrangig die allgemeine Form unserer Wechselwirkung mit der Materie nach, letztlich sich also nach den Forderungen unseres Handelns ausrichtend. Denn ursprünglich denken wir um zu handeln. So werden die organischen Werkzeuge zielgerichtet durch Werkzeuge aus toter Materie ersetzt und sich ihrer in freier Tat bedient. Durch die Entwicklung des Lebens lag eine wesentliche Aufgabe darin, Verhalten zu beleuchten, Wirken auf Dinge vorzubereiten, aus einer Lage günstiges oder ungünstiges vorherzusehen. Wir suchen instinktiv nach Bekannten und Gewohnten, Bewegungen wiederholend um das gleiche Ergebnis zu erhalten. Dieses daraus hervorgetretene mechanisierte Weltbild ist einseitig für diesen Zweck versklavt. Jene Kausalität die der Intellekt überall sucht und findet, ist Ausdruck dieses Handwerkens. Sein Verfahren hat die Wissenschaft nur zu höchster Präzision und Exaktheit gesteigert, aber nie an dessen Wesen gerührt.

All unsere Begriffe und Logik wurden ursprünglich nach dem Muster dieses Bildes geformt, dort wo Tat und Arbeit sich vollzieht, schritt der Intellekt nach nur geringster Berührung von Entdeckung zu Entdeckung. Doch im Wesen aller mechanistischen Erklärungen liegt es, Zukunft und Vergangenheit als Funktion der Gegenwart für berechenbar zu halten und damit implizit die Forderung: Alles ist gegeben.

Man stellt sich ein statisches Nebeneinander mit inhärenten Ursachen vor. Postulierte die Prinzipien eines starren Seins, welches funktionsgerecht nach einem geschauten Plan – hin zu seinem Endzweck, nach den zufällig verwirklichten Maßstäben der Gegenwart zusammengefügt wurde. Nie abgeschlossene Formen oder völlige Neuentstehung. Die Wahrheit die jedoch so im Hinblick auf ein Sein erzielt wird, hat nicht mehr als symbolische Bedeutung, da sie eben primär vom handelnden Vermögen abhängig ist, daher von vornherein nur die Außenseite, nicht das aktive Innere betrachtete.

Der Intellekt führte uns in die Materie, doch nicht in die Bewegtheit der Natur. Er zieht diesen Prozess zu sich hinüber statt in ihm einzukehren. Er fasst die Züge des Lebens als bloßes Nebeneinander, nicht organisch aufeinander bezogen auf.

Das restlos Neue erkennt der Intellekt genauso wenig, wie das radikale Werden selbst. Auch hier lässt er sich die wesentlichste Ansicht des Lebens entgehen. Immer nur verfährt er mit der Brutalität und Schärfe eines Werkzeuges, indem er die Bewegtheit in Form definitiv abgeschlossener, diskontinuierlicher Körper zu denken gewillt ist. Gegen die Idee der Einzigartigkeit, der Unvorhersehbarkeit empört sich der Intellekt. Er kann Entwicklung im eigentlichen Sinne nicht denken.

Kontinuität einer Veränderung aber ist reine Bewegung und kein Ruhepunkt. Die Dauer in der die ewig vorrückende Vergangenheit in einer absolut neuen Gegenwart anschwillt. Die Kraft mit der sich die organische Welt entwickelt, begehrt sich dabei stets selbst zu überwachsen und bleibt in Bezug auf das Werk auf das sie drängt, beständig inadäquat. Somit sind die intellektuellen Tendenzen, die sich das Leben im Gang seiner Entwicklung hat schaffen müssen, alles andere als geeignet es selbsterklärend zu umspannen.

Abschließende Definitionen decken sich nur mit fertigen Wirklichkeiten. Die Wesenszüge des Lebens sind jedoch niemals völlig verwirklicht, sondern immer nur auf dem Weg dorthin. Leben ist Tendenz, so dass Wachstum und Entwicklung divergierende Richtungen schaffen, welche unter Umständen mit steigender Entwicklung gegenläufig oder unvereinbar werden können. Somit hätte der Intellekt also besser nach der Identität des Impulses, weniger nach dem Zustand der Harmonie, sondern gleichermaßen nach dem Zustand der ewigen Unruhe Ausschau halten sollen. Natur als unauflösbarer Konflikt von inneren Gegensatzpaaren.

Der Weg den die Zeit durchmisst ist mit Trümmern besät; alles was ist, hätte auch nicht sein können. Entwicklung ist ewige Schöpfung. Sie schafft nicht nur Gegebenheiten und Formen, sondern auch Begriffe derer für eine Intelligenz Verständnis ermöglichen und Worte, die ihrer Ausdrückbarkeit dienen nur nach und nach; will sagen, dass die Zukunft über die Gegenwart hinaus schwillt und sich nicht als Begriff in ihr malen kann. Sich daher die Gänze dieser Bewegung vorzustellen, kann nicht darin bestehen, Begriffe zu kombinieren, die das Leben im Laufe seiner Entwicklung abgelagert hat. Wie sollte der Teil dem Ganzen gleichkommen, der Inhalt dem Gefäß, der Niederschlag des Lebensgeschehens dem Lebensgeschehen selbst!

Doch genau dies ist die Täuschung. Wir stellen uns immer an Endpunkte einer willkürlichen, aber keineswegs ausgezeichneten Vielfalt von Entwicklungsbewegungen. Doch eignen wir uns nicht einmal alles an, was diese Phase in sich birgt. Stattdessen erheben wir diesen Teil eines Teils zum Vertreter der ganzen Bewegung. Doch vorhersehbar ist wiederum nur was Vergangenem gleicht. Wie aber etwas vorhersehen was einzigartig, einmalig, was sich in jedem Augenblicke unwahrnehmbar und kontinuierlich erzeugt? Jeder Moment bringt ein neues Element hervor. Daher kann man dem Strom nur folgen und versuchen sich eigen zu machen was erreichbar ist.

Man hat kaum Zeit zu überlegen, denn sowie man selber statisch wird verliert man jeden Kontakt. Von der starren Materie zum Leben und zurück, jede dieser Untersuchungen führt zur anderen. Sie bilden einen Kreis dessen Mittelpunkt in der Erforschung zentriert, wie das Bewusstsein die Materie durchflutet, sich in ihr verliert und wiederfindet. Doch können wir überhaupt das Leben, dieses von der Natur aus selber geschlossene System, mit dem künstlichen der Wissenschaft verbinden oder gar gleichsetzen? Irgendwo befindet sich immer die Nabelschnur; der Ausgangspunkt wo das Organische, das Leben in das System hineinreicht.

Das Bewusstsein kann die Materie nicht durchfluten ohne sich auf sie zu stützen. Das Leben selbst ist an die Materie gebunden, indem es sich den allgemeinen Gesetzen der Materie unterwirft. Doch tut es wiederum sein möglichstes sich vom Knebel dieser Gesetzmäßigkeiten zu befreien und zu reorganisieren.

Doch wie soll der Intellekt das Leben selbst denken, wovon er selber doch nur ein Aspekt ist? Woher den Schwung nehmen?

Lebensschwungkraft selbst ist das Verlangen nach Schöpfung. Diese kann aber nicht absolut schöpferisch sein, weil die Materie die Umkehrung dieser Bewegung ist. Trotzdem wird ein Größtmaß an Indeterminiertheit und Freiheit hineingetragen. Doch die Schwungkraft ist endlich, sie kann nicht alle Hindernisse beseitigen. Die Bewegung wird bald abgekrümmt, bald zerteilt und immer behindert. Doch obwohl die Bewegung von dem Boden verschieden ist, führt sie doch ein Stück des Weges mit der toten Materie fort, nimmt einige der Krümmungen an, macht sich ganz klein und imitiert die physikalischen Gesetzmäßigkeiten. Doch gerade weil der Intellekt sich somit an die äußeren Objekte anpasste, schritt er nicht nur von Entdeckung zu Entdeckung, sondern auch von einer Krise zur nächsten. Der zurückgewendete Intellekt lässt in seinen Rahmen rekursiv, die an der Materie vollführten Operationen und Reflexionen eingehen. Die begriffliche Konstruktion versucht daher das Leben in diesem mechanistischen Netzwerk einzufangen. Doch rinnt die dynamische und flüssige Beschaffenheit des Lebens sodann wieder ungehindert durch die Maschen dieses Netzes.

Soll das Bewusstsein mit seinem Prinzip zusammenfallen, muss es sich losmachen vom fertig Bestehenden und sich an das Entstehende heften. Schicksal bedeutet ein Wohin, Kausalität ein Woher, wissenschaftlich also vom Gewordenen aus nach Gründen suchen, indem man einen kausal deterministischen Weg, das Werden als *Strecke* rückwärts verfolgt. Doch man kann immer nur in Hinblick auf einen einmal durchmessenen Weg die Richtung, also einen sinngemäßen Zweck angeben. Doch darüber was in der Zukunft liegt, die erst durch die durchmessenen Akte geschaffen wird, bleibt nichts zu sagen. Man muss zudem dem Zufall seinen Teil zugestehen.

Die Entwicklungsbewegung bewirkt darüber hinaus, dass die soeben erschaffene Form schon wieder von sich selbst abirrt. Es gilt daher, sich nicht einen vorherbestimmten Bauplan, also sinngemäß inhärente ewige Gesetze und Gesetzmäßigkeiten vorzustellen, in welchem im Grunde bereits schon alles gegeben scheint. Doch so verfährt der Verstand, der nur eine fragmentarische von der Bewegung selbst losgelöste, unbewegliche Ansicht ist. Doch wir denken Zeit nicht, sondern leben sie. Lebendige Zeit ist ein ständig wachsender dynamischer Strom, der zwar relativ gleichbleibenden qualitativen Veränderungen unterliegt, jedoch kaum auf einen festen Punkt zurückgeführt werden kann, denn dadurch wäre er begrenzt und würde nicht mehr existieren.

Nach Bergson kann das Leben nur von einem gesammelten, hin zu seinem Ursprung zurückkehrenden Bewusstsein, durch die nach innen zurückwendenden Möglichkeiten der Intuition wahrgenommen werden. Für ihn gleicht die Intuition einer halb erloschenen Lampe, die in einem Moment seherischer Kraft und Größe kurz auflodert. Die Einheit die der Verstand der Natur von außen auf erzwingt, die Kraft die wir einsetzen um den Verstand selbst zu überholen, eröffnet aber auch gleichsam Zugang zu etwas viel Weiterem, wovon der Intellekt in seinem Zustand der Verdichtung selbst nur ein Ausschnitt ist, eben dessen wovon er sich selbst hatte ablösen müssen.

Doch ist er von dem Medium das ihn umhüllt und durchdringt noch nicht absolut verschieden. Der Übergang vom Eindruck zum Ausdruck verleiht der Wirklichkeit einen übergeordnet inhärenten Sinn. Diese umfassende Wirklichkeit ist es auch, die über das Mögliche des Intellekts, nur Gleiches an Gleiches zu reihen und zu wiederholen hinaus schwillt. Damit ist diese Wirklichkeit unwillkürlich aber auch schöpferisch und Erzeugung von Wirkungen. Aber diese Wirkungen sind und waren nicht schon im Voraus gegeben, können somit also keinem immanenten Sinn oder Zweck gleichgesetzt werden. Richtete die Aufmerksamkeit des Intellekts sich vornehmlich auf das Handwerken selbst, so zielte diese Tätigkeit unbewusst doch schon auf etwas Höheres, als nur den Nutzen durch Bemeisterung des Werkzeugs. Nicht das materielle Ergebnis, sondern die Erfindung selbst, das Hervorsprudeln der neuen Ideen und Empfindungen, als wäre es Ziel und Wirkung über uns selbst emporzuheben. Das Beschlagnahmen der Materie durch den Intellekt, welcher nur den einen Hauptzweck folgt, frei walten zu lassen was durch sie gehemmt war.

Beim Tier haben die motorischen Mechanismen zur Anlage des Gehirns geführt oder anders ausgedrückt, die Gewohnheiten die sein Wille einnimmt sind Zweck und Wirkung, Vollzug der Bewegung, die in diesen Gewohnheiten und Mechanismen abgespeichert sind. Durch Überwindung des Automatismus kann das Bewusstsein nun freigestellt werden. Beim Tier gleicht das Bewusstsein mehr einer Variation einer Routine. Eingesperrt in den Gewohnheiten der Art, weitet es diese kraft seiner Initiative. Doch kaum dass die Tore des Kerkers geöffnet sind, schlagen die Türe auch schon wieder zu. Es ist mehr ein Zerren an der Kette. Zerbricht beim Menschen das Bewusstsein die Kette? Doch wie dieses erreichen, wenn nicht mithilfe des Intellekts selber?

Sicher ein paradoxes Unternehmen, handelt es sich doch darum aus der Materie ein Werkzeug der Freiheit zu schaffen, eine Mechanik zu entwickeln die über den eigenen Mechanismus selbst triumphiert. Den Determinismus der Natur also zu benutzen, um durch die Maschen dieses Netzes selbst zu schlüpfen.

So bewahrt und sammelt auch das soziale Leben Kräfte – wie das Bewusstsein die Gedanken – und legt somit ein Niveau fest, von dem sich das Individuum mit Anlauf hochschwingt. Wir baden ständig in diesem Strom dieser Potenzialität. Jeden Augenblick atmen wir etwas von diesem Ozean ein, in dem wir eingesenkt sind. Wir bemächtigen uns stets eines kleinen Überschusses an Kraft und besetzen ein höheres, konzentrierteres Niveau. Einzig in diesem Sinn ist der Mensch Sinn, Ziel und Zweck einer Entwicklung. Dem Wesen nach, ein durch die Materie geschleuderter Strom, der eben aus ihr zieht was er kann.

Das Ganze der organischen Welt wird so zum Humus, aus dem der Mensch selbst aufsprießt. Und doch hätte dieser Lebensstrom auch andere Aufspaltungen oder Tendenzen durchlaufen können. Prädestiniert ist jene Entwicklungsbewegung somit nicht. Für Bergson ist Leben ein stets über sich selbst hinausweisender, erlebt und gelebter Schöpfungsprozess.

Im Leben selbst wird somit ein Prinzip sichtbar das ihm immanent wie transzendent ist, daher in es hinein, wie über es hinausweist. „Es ist das Werden seiner selbst, der Kreis, der sein Ende als seinen Zweck voraussetzt und zum Anfange hat und nur durch die Ausführung, daher dem Prozess wirklich ist", so Hegel. Die Schöpfung des Selbst aus sich selbst heraus ist tiefer und universeller je weiter man darüber nachdenkt und das Leben nur eine seiner Realisierungen und Tendenzen, wobei wir uns über das Ziel – da der Weg untrennbar mit diesem verknüpft ist, letztlich in steter Unkenntnis befinden.

3 Maturana – Der Baum der Erkenntnis

3.1 Das Halten in der Rekurrenz des Sprachhandelns

Für den Zyniker besteht der Sinn des Lebens darin dass es endet. Doch dies ist sicher nur eine, leider notwendige Teilwahrheit. Vielmehr verkörpert das Leben den Übergang von Aktion und Reaktion, hin zur bewussten Wahl und Konsequenz. Dies gibt der Evolution ein breiteres Spektrum, eine größere Variationsbreite und zugleich Stringenz und Intensität. *Menschsein* ist also ein ungeheures Mittel zur Selbstverwirklichung, seiner Existenz Sicherheit und Dauer zu verschaffen. Mensch sein heißt frei sein für die Möglichkeiten im Entwurf auf das eigenste *Seinkönnen*.

Historisch ist die Ratio ein Mittel zur Enthüllung der Wahrheit, da sie es ermöglicht sich auf transzendente Weise auf etwas zu beziehen, was unabhängig von ihr ist. Jedes rationale System ist jedoch ein System von rekursiven Diskursen. Wir leben in einem Netz von Konversionen das eine bestimmte Lebensweise definiert. So ist das menschliche Leben im Strom der dynamischen Koppelungen von Sprachhandeln, Emotionalität und Körperlichkeit rekursiv mit sich selbst verkoppelt. Sprache ist kein Hilfsmittel zur Beschreibung einer Umwelt, sondern immanenter Bestandteil des Körpers und seiner Aktivität.

Die Sprache hat viel zur Befreiung beigetragen. Ohne sie würde der Intellekt wahrscheinlich noch immer an die stofflichen Dinge geschmiedet sein. Das von Ding zu Ding schweifende Wort ist frei verrückbar, nicht nur von Wahrnehmenden auf Wahrgenommenes, sondern auch von der Erinnerung dieses Dinges, von dem vorgestellten Bild, auf die Vorstellung des Aktes, kraft dessen man ihn vorstellt. Dem Intellekt eröffnet sich so eine ganz neue Welt. Das Schauspiel seines eigenen Tuns. Er macht sich zunutze dass das vom ihm getragene Wort etwas ist, was in seine eigene Arbeit einzudringen vermag. Von nun an, da er sich als Begriffsschöpfer, als Vorstellungsvermögen, als Objekt und als *etwas-sich-selbst-bewussten* erfasst und wahrnimmt, gibt es nichts mehr was er sich nicht aneignen möchte.

Das *Selbst-bewusst-sein* ist Merkmal eines Selbstgespräches im andauernden Fluss von Reflexionen, den wir mit unserer Identität assoziieren. Indem wir rekursiv Repräsentationen unserer Interaktionen erzeugen, kreieren wir eine Metaebene, in welcher diese Repräsentationen ausschließlich in Sprache vorliegen, worin eben der Beobachter und das Beobachten rein *kognitive Operationen* sind. Erst auf dieser neuronalen Metaebene wird das Objekt und gleichermaßen Subjekt: Das *Ich* konstituiert. Dieses *Ich-sein* und uns so vertraute Körperding, das uns im Spiegel entgegen starrt, ist letztlich nichts anderes als die Manifestation dieser Operationen und damit analog, auch die gesamte so erfahrende, beobachtbare äußere Gegenwelt.

Der Beobachter: Ein Lebewesen in Sprache bildet das konstitutive Apriori aller Erfahrung. Er ist das Subjekt, das seiner eigenen Körperlichkeit vorsteht. Ein primär kognitiver Bereich, dessen Sein sich vornehmlich durch die Mittel der Sprache verwirklicht und dies macht ihn so besonders; er sich in seinem Sprachhandeln rekursiv selbst erklärt. Er benötigt Sprache um sein eigenes Operieren zu fassen. Der gesamte Bereich des *Selbst-bewusstseins* entsteht als ein Bereich der Rekursion, der Wahrnehmung der eigenen Körperlichkeit durch Selbstbeobachtung. Gerade diese Fähigkeit die eigenen Projektionen und Repräsentationen herauszugreifen und mit ihnen zu interagieren, ermöglicht es dem Organismus auf sich selbst hin zu orientieren.

Das *Ich* oder *Selbstbewusstsein* ist also die Fähigkeit sich sowohl in der unmittelbaren Einheit des Erlebens, als auch reflexiv in der freien Vorstellung als außenstehende Perspektive, unabhängig von den darüber laufenden neuronalen Prozessen, kraft derer man sich jene vorzustellen vermag und dennoch als ein mit sich selbst identischem Objekt wahrzunehmen und zu empfinden und sich so fortwährend selbst zu modifizieren.

Real eben nicht nur in der unmittelbaren gegenwärtigen Empfindung, sondern auch *im* Prozess der Reflexion auf einer höheren neuronalen Metaebene. Das Ich ist ein rückgekoppeltes Feedbacksystem mit dem Köper als Interface zwischen Innen – und Außenwelt.

Das Hirn weiß um seine selbstreferentiellen Prozesse. Ich denke, also bin Ich! Es projiziert auf Basis des menschlichen Organismus dieses *Ich* in Form einer mentalen Holographie. Und doch gibt es für dieses Körperding nichts zu entscheiden oder zu wissen. Es ist nur die kraftvolle Hülle. Der Träger und das Medium. Die Basis dieser Rekurrenz verkörpern eben nicht *wirselbst*, das *wollende-Ich* als vergegenständlichte Repräsentanten dieser Reflexion, sondern der einzige Ort wo diese Prozesse stattfinden, ist das Hirn, von welchen dieses introvertierte Autonom *Ich-selbst* im Wechsel von Eingabe und Ausgabezuständen in die Welt hinaus und wieder zurückspiegelt.

Der Fluss unserer Körperlichkeit ist abhängig von den Welten die wir im Sprachhandeln hervorbringen. Im Prozess des Sprachhandelns sind Objekte daher nicht vor der Sprache gegeben oder liegen ihr voraus, sondern werden operational erzeugt. Sprache ist dabei ein Bereich, der die Entitäten unabhängig von einem Bereich bezeichnet, in dem sie selber existiert. Erkennen hat daher nicht mit dem Erfahren von Objekten zu tun, sondern ist effektives *Handeln*. Indem wir erkennen bringen wir uns selbst in einer speziellen Art und Weise hervor. Sprache bildet dabei die Basis des Denkens. Zu erkennen wie wir erkennen kann daher nicht an einem festen Ausgangspunkt beginnen, da es keinen vorher existierenden Bezugspunkt oder Ursprung außerhalb der Sprache gibt.

Wahrheiten werden gewöhnlich aus der Lichtwelt in Form von Begriffen abgezogen und in ein System geistigen Raumes, in einen dauernden Ort gebannt und aufbewahrt. Jene in Worten gespeicherten Mechanismen können nun wiederum gegen andere Mechanismen, aber auch gegen sich selbst gerichtet sein. Das Bewusstsein macht sich frei. Verstehen ist die Erfahrung uns der Reflexion mittels Sprache zu bedienen.

Reflexion ist ein Prozess in dem wir erkennen wie wir erkennen, eine Handlung bei der wir auf uns selbst zurückgreifen. Im Grunde die einzige Möglichkeit, Blindheiten und Fehlschlüsse zu erkennen. Doch um zu reflektieren, müssen wir loslassen und wir müssen dies ohne Furcht tun, ohne es durch unsere Bindung daran zu verdunkeln. Dabei müssen wir ein Verfahren verwenden, das bei unseren Reflexionen angewendet, es uns eben gestattet, diese so zu handhaben, als ob sie tatsächlich von uns unabhängig wären, um so der Kontemplation fähig zu sein. Doch diese ständige Rekursivität verbirgt hingegen auch die Ursprünge.

Indem wir existieren erzeugen wir blinde Flecken. Wir sehen nicht, was wir nicht sehen, wodurch wir dieses für weitere Unterscheidungen teils unsichtbar machen. In dem sprachlichen Netzwerk der dauernden deskriptiven Rekursion, die wir als Beobachter aufrechterhalten, folgt auch als Teil der menschlich-sozialen Dynamik, dass Gesellschaft, Technik oder Wissenschaft nun selbst als Auswähler wirken, daher den Pfad unseres ontogenetisch-strukturellen Driftens selektieren.

Sprache ist ein Phänomen das von den Operationen unserer Körperlichkeit abhängt, aber eben nicht in diesem Bereich geschieht, ihn jedoch nachhaltig als Ganzheit erweitert. Sprache vollzieht sich als Antwort rekursiver Interaktionen von Organismen, in einem Bereich von sich ständig erweiternder Umweltvielfalt, das im Fließen immer wiederkehrender Interaktionen ein System von konsensuellen Verhaltenskoordinationen ausbildet, welche von uns und anderen beobachtet werden können. Sprachteilnehmer lösen dabei genau wie körperliche Begegnungen strukturelle Veränderung aus.

Mit Sprache interagieren wir in einem Bereich von Beschreibungen, in dem wir auch notwendigerweise verbleiben, wenn wir über die Welt und unser Wissen darüber Behauptungen aufstellen. Obwohl Sprache zwar unendlich viele Rekursionen zulässt, bleibt sie dennoch ein geschlossener operationaler Bereich, mit dem es nicht möglich ist, aus dem Bereich der Sprache mittels ihrer selbst herauszutreten.

Sprache hält uns in ihrer Rekursivität gefangen. Dieser Bereich ist begrenzt und unendlich zugleich. Begrenzt, weil alles was wir sagen eine Beschreibung ist und unendlich, weil jede Beschreibung in uns selbst die Basis für neue Orientierungsinteraktionen auslösen kann. Sprache als ein gänzlich offenes Feld, denn es gibt kaum Grenzen in Bezug darauf, was mit ihr ausgedrückt oder miteinander in Zusammenhang gebracht werden kann.

Da wir in Sprache existieren, werden die Bereiche die wir kraft der Sprache erzeugen, Bereiche unserer Existenz und stellen somit selbst ein Teil des Milieus dar. Mithilfe der Sprache sind wir in der Lage, eine unendlich rekursive Menge neuer kognitiver Bereiche und damit letztlich auch Realitätsbereiche zu erzeugen. Wir können jedoch keine Beschreibungen anfertigen, die Interaktionen außerhalb dieses Bereiches erfordern.

3.2 Wissenschaft und Wirklichkeit

Wissenschaft ändert sich, sobald die Fragen die ein Beobachter stellt und sobald die Erklärungen die er akzeptiert sich verändern. Wissenschaft befasst sich somit genauso mit dem Verstehen menschlicher Erfahrung. Alle Unterscheidungen die wir in der Sprache treffen, verändern die Dynamik unserer Zustände und je komplexer und reicher unsere Dynamik von Zuständen ist, umso unerwarteter wird der Anteil an den unterschiedlichen Konversionen in die wir eingebunden sind und umso komplexer und multidimensionaler wird unserer Leben.

Diese Konversionen im Kontext der sich ständig vollziehenden strukturellen Veränderungen und unerwarteten Konfigurationen bringen einen fortwährend sich veränderndem Erfahrungsbereich hervor. Alles findet auf einer *operationalen Ebene* statt. Darum sind wissenschaftliche Erklärungen nicht objektiv oder in irgendeinem transzendentalen Sinne wahr, weil sie einzig in dem Bereich lebender Systeme entstehen und verbleiben. Wir sind nicht auf ein System angewiesen, das immer weiter zu einem Ursprung zurückgeht, sondern uns vielmehr durch seine spezifisch systemischen und prozessualen Eigenschaften und Gegebenheiten, grade selbst in diesem System hält. Dieser Sachverhalt muss letzten Endes auf einer tief greifenden *Isomorphie* von Epistemologie und Ontologie fußen.

Wenn wir in der Erfahrung, im Fluss der Konversionen unseres eigenen Seins operieren, stoßen wir nicht auf Dinge und Objekte, sondern auf etwas was in und mit uns selbst geschieht. Wissenschaft führt nicht aus der Erfahrung heraus, sondern hält uns *in* ihr. Somit kann der Begriff der *Natur* nur etwas innerhalb dieses Erfahrungsbereiches sein. Natur als Erklärungshypothese. Realität als ein Konzept mithilfe der Elemente unserer Erfahrung im Prozess der Strukturerhaltung als autopoietische Systeme.

Natur hört somit auf ein autonomer Bereich unabhängiger Entitäten zu sein, der als kontroverser Bezugsrahmen für die Annahme oder Ablehnung einer bestimmten Erklärung benutzt werden kann. Somit können wissenschaftliche Aussagen nicht losgelöst, daher als unabhängig vom menschlichen Dasein validiert werden, da der Beobachter nicht vermag aus seiner Haut zu schlüpfen, ein absoluter Beobachter hingegen per Definition, außerhalb dieses Bereiches existiert.

Wir reden immer von Dingen als ob sie unabhängig von unseren Unterscheidungen existieren. Doch dies ist konstitutiv nicht der Fall. Wir existieren nicht in einem präexistenten Bereich physikalischer Entitäten, sondern bringen diesen erst in der Spezifität als Beobachter hervor, indem wir Unterscheidungen im weitesten Sinne des Wortes vornehmen. Realität als ein instrumentelles Konzept in Hinblick auf Erhaltung.

Anstatt Erkenntnis in diesem Zusammenhang zu verstehen, wird in der Regel *Realität* als Ursache und Voraussetzung für die Möglichkeit von Erkenntnis überhaupt gesetzt. Die Zirkularität in der Natur bedingt eine untrennbare Verkettung und bringt damit eine bestimmte Art zu sein hervor, welche das Ding in der Beschreibung und Erfahrung erst möglich macht. Realität als eine Welt unabhängiger Gegenstände ist eine Fiktion des abstrakt deskriptiven Bereiches. Der Begriff der Realität ist besser auf den Bereich der Beschreibungen anzuwenden. Der physikalische Bereich der Existenz ist somit ein Erklärungsbereich des Beobachters.

Erst indem wir die Aufmerksamkeit auf das Treffen von Unterscheidungen richten (später dazu Spencer Brown), können wir erkennen wie Realität zur Existenz gelangt und einen Versuch unternehmen, durch Sprache das Unsagbare zu sagen. Sprache ist nur vorstellbar indem mit ihr abgegrenzt wird. Sprache gebraucht notwendig Unterscheidungen in dem Sinne, das jedes Wort von anderen unterschiedenes meint. Sie sind Grenzziehungen eines Beobachters.

Auch Theorie ist nur eine naturwissenschaftliche Sprache. Auch sie hält uns im (technischen) Sprachhandeln. Sie gibt somit gewissermaßen die Möglichkeiten zur Entdeckung empirischer Tatsachen, sowie ihrer Entschlüsselung, Interpretation und Modifikation vor. Die Rekursion des fortwährenden Wiederaufrufens des mit Assoziationen verbundenen Wortes formt unser Denken. Die mit diesen Assoziationen verbundenen Wörter und abstrakten Begrifflichkeiten der neuen Sprache (Quantenphysik) formen auf lange Sicht auf neuronaler Ebene neue Querverbindungen, womit über kurz oder lang auch unsere Logik, Verständnis und Auffassungsvermögen neu *verdrahtet* wird.

Die Naturwissenschaft definiert dabei einen Standardbeobachter, einen Bereich sozial, kulturell und wissenschaftlich akzeptierter

Aussagen, der durch ein bestimmtes Verfahren validiert wird. Gewöhnlich setzen wir den Beobachter stillschweigend voraus. Wir unterstellen ihm eine gewisse Universalität und schreiben ihm somit invariante Merkmale zu. Die Leistungsfähigkeit der Naturwissenschaft beruht jedoch gerade auf der *Subjektabhängigkeit*. Relative Wahrheiten sind nicht absolut auf Wissenschaft anwendbar, denn alles was man in der Wissenschaft sagen kann ist wissenschaftlich und Relativität besitzt nur in Bezug auf absolute Wahrheit Gültigkeit. Wissenschaft ist als ein kognitiver Bereich operational verwirklicht und als solcher wertfrei.

Wir interagieren mit den Beschreibungen unserer Beschreibungen auf rekursive Weise und erzeugen so fortlaufend neue Interaktionselemente. Das Nervensystem interagiert also mit seinen eigenen internen Zuständen, als wären diese von ihm unabhängige Objekte und gehörten zu einem unabhängigen Bereich – rekursiv in unendlicher Weise und ist damit in der Lage neue Relationen herzustellen. In der Reflexion kann somit jede Erfahrung *rekursiv* als Objekt der Reflexion behandelt werden, ohne aus diesen Operationen selbst herauszufallen. Durch diese rekursiven Beschreibungen und Repräsentationen wird der Bereich der Interaktionen fortlaufend geweitet. Somit gibt es theoretisch ebenso viele Bereiche der Wahrheit, wie es der der Existenzen gibt, die durch Unterscheidungen des Beobachters vorgenommen werden können. Die Grenze für die operationalen Rekursionen des Unterscheidens, liegt einzig in der Begrenztheit der Erfahrungen des Beobachters.

Welt stellt nach Heidegger eine wechselseitige Bestimmungsganzheit dar. Die Wirklichkeit ist daher auch immer ein Konstrukt des Subjektes. Kognitive Strukturen entstehen aus rekursiven sensomotorischen Prozessen zwischen Milieu und autopoietischen System als Koevolution. Es gibt keine subjektunabhängigen Repräsentationen der äußeren Welt, eben nicht aus erkenntnistheoretischen Gründen, sondern weil es diese subjektunabhängige Welt oder Wirklichkeit nicht gibt. Alles *Sein* sind Objekt-Subjekt Beziehungen. Erkennen ist das hervorbringen einer Sphäre von

Unterscheidungen aus einem bestimmten Hintergrund oder Perspektive heraus, das dann die Welt dieses Systems darstellt. Das zur Interpretation erforderliche Vorverständnis ist gewissermaßen verkörpert, daher vererbt durch die wechselseitigen Pertubationen zwischen Milieu und Organismus.

Jede Erfahrung wird von einem Subjekt gemacht, das einschließlich Zugang zu seiner inneren Erlebniswelt als *Re-repräsentationen* und nicht als Darstellungen oder Abbildungen hat, da sie einzig im Bewusstsein stattfinden. Aber diese können selber wieder in andere Einheiten zerlegt oder mit verschiedenen in Verbindung und Kontext gebracht werden, eben weil Subjekte in der Lage sind, sensomotorisches Material unabhängig vom Milieu zu erzeugen oder zu repräsentieren. Im Prozess der Erfahrung verändert der Organismus sein eigenes Vorverständnis, auf Basis dessen er grade die Welt interpretiert, indem er den Bereich der Strukturen verändert, die für die Operationen der Unterscheidung im Akt des Erkennens verantwortlich sind. Erkennen ist daher immer das konstituieren von Differenzen. Der Möglichkeitsraum des Individuums Differenzen zu konstituieren, wird durch das Zeichen als Ordnungsparameter verwirklicht und begrenzt zu gleich.

Somit wird die Konstruktion einer Erfahrungswirklichkeit zugleich ermöglicht und eingeschränkt. Die von dem Subjekt hervorgebrachten Unterscheidungen erzeugen die für das Subjekt relevante Erfahrungswirklichkeit. Die Differenzkonstitutionen die durch die kognitiven Entitäten des Subjekts erzeugt werden, sind nun grade diejenigen Objekte, die das Subjekt eben nicht nur wahr nimmt, sondern auch als unabhängig von ihm existierend betrachtet. Die so konstituierte Erfahrungswirklichkeit ist die einzige Wirklichkeit zu der das Subjekt Zugang hat. Der Möglichkeitsraum des Erkennen und Wahrnehmens wird begrenzt und nach Whitehead ist Begrenzung die Grundvoraussetzung von Wirklichkeit und somit Existenz. Wir leben in einem Zimmer genannt Realität, aber wir können nicht durch die Tür hinausgehen, denn wo immer wir hingehen folgt sie uns, es sei denn man schaltet das Licht aus.

3.3 Einheit, Teil und Organisation

Die Körperlichkeit des Beobachters ist ein Knoten von Überschneidungen und Konversionen im Fluss struktureller Veränderungen, wobei Worte die Knotenpunkte bilden. Unsere Erfahrung ist in untrennbarer Weise mit unserer Struktur verknüpft. Einheit und Teil sind immer notwendig zusammengehörige Aspekte einer ganzheitlichen Struktur.

Die Einheit sieht und ordnet ihre ständigen Interaktionen mit dem Milieu immer im Sinne ihrer Struktur. Jede ontogenetische Veränderung führt zu einer bestimmten Art zu sein, denn die Einheit der Struktur bestimmt die Art der Interaktion mit dem Milieu und damit welche Welt sie konfiguriert. Kognition, Sprache, Körperlichkeit und Milieu hängen wechselseitig voneinander ab. So sehen wir etwa nicht den Raum der uns umgebenden physischen Welt, sondern leben und erfahren den chromatischen Raum unseres visuellen Feldes, obwohl die Welt grau ist. Mit anderen Worten: Wir leben unsere Interaktionen und Repräsentationen. Wir müssen anerkennen, dass wir als denkende Systeme wesentlich in einem Bereich von Beschreibungen leben und durch diesen die Komplexität unseres kognitiven Bereiches selbst uneingeschränkt vergrößern.

Alles Leben im Körper ist das Leben der einzelnen Zellen, daher gibt es Millionen von Lebenszentren. Was also erklärt werden muss ist nicht die Reduktion, sondern die vereinende Steuerung, aufgrund derer wir nicht nur ein einheitliches Verhalten besitzen, sondern auch das Bewusstsein einer einheitlichen Erfahrung ermöglicht. Einheit suggeriert einfach, doch fußt diese Einheit zumeist auf einem komplexen Gefüge, bei dem die beteiligten Zellen oder Organe zwar ihre individuellen Grenzen bewahren, jedoch wiederum neue Metaeinheiten, mit neuen strukturellen Kopplungen ausbilden können.

Dabei bleibt die Existenz der einzelnen Zellen, bei der Verschmelzung einzelner Zellen zu einer höheren metazellulären organischen Einheit komplementär. Beide Phasen bezeichnen einen Lebenszyklus, in dem Zellen eine metazelluläre Einheit hervorbringen, welche wiederum Zellen hervorbringen, die eine metazelluläre Einheit ausbilden und diese wird eine Phänomologie entstehen lassen, die der Struktur als zusammengesetzte Einheit angemessen, jedoch in Bezug auf die Zellen verschieden sein wird.

Das Leben einer Einheit vollzieht sich im Wesentlichen im Operieren seiner Bestandteile, wird andererseits jedoch nicht durch die Eigenschaften dieser Bestandteile bestimmt. Wachstum, Stoffwechsel, interne molekulare Replikation sind in einem geschlossenen Kreisprozess organisiert, in der evolutionäre Veränderungen nur erlaubt sind, die diese Zirkularität aufrechterhalten können. Diese zirkuläre Organisation stellt ein homöostatisches System dar, dessen Funktion eben darin besteht, diese zirkuläre Organisation selbst zu erzeugen und zu erhalten und zwar so, dass das Ergebnis das Funktionieren dieser Bestandteile ist. Ein homöostatisches System, dessen homöostatische Organisation seine eigene Organisation als Variable enthält.

Unsere Handlungen, Interaktionen und Abstraktionen stoßen fortwährend auf neue Querverbindungen und neue Eigenschaftsfelder. Eine Eigenschaft ist in der Regel ein charakteristisches Merkmal das durch Unterscheidung bestimmt wird. Diese Feststellung setzt daher einen Beobachter voraus. Die grundlegende Operation die ein Beobachter daher ausführen kann, ist die Operation der *Unterscheidung*, also eine operationale Sondierung. Durch die Operation der Unterscheidung konfiguriert der Beobachter die Einheit und mit ihr das Milieu in dem sie unterschieden wird. Das Unterscheiden ist ein kognitiver Prozess kommunikativer Basis.

Eine Einheit existiert und operiert in einem Raum der bestimmt ist durch den Bereich möglicher Interaktionen, da sie durch die Eigenschaften ihrer Bestandteile interagiert, beziehungsweise durch sie als Einheit in dem Raum verwirklicht wird. Umgekehrt bestimmt auch die Art der Komposition der zu verbindenden Bestandteile die Eigenschaft der Einheit. Es gibt keine frei schwebenden Bestandteile unabhängig von der zusammengesetzten, der sie integrierenden Einheit.

Wenn somit auch viele Räume mithilfe der Sprache beschrieben werden können, gibt es doch keinen letztlich ausgezeichneten Raum, der eine phänomenale Reduktion zulassen würde. Begrenzt also einzig in dem Sinne, da jede Beschreibung letztlich Interaktion mittels seiner Bestandteile voraussetzt und unendlich, da das operieren des Organismus und Nervensystems stets in rekursiver Weise neue Phänomenbereiche und damit die Bestimmung neuer Einheiten definieren kann, die aus bereits verfügbaren Einheiten zusammengesetzt werden können.

Die Organisation einer zusammengesetzten Einheit besteht in den statischen oder dynamischen Relationen zwischen ihren Bestandteilen. Die Struktur verändert sich ständig durch die interne Dynamik. Jedes Lebewesen ist ein dynamisches System im kontinuierlichen Strukturwandel. Was durch die genetische Konstitution eines Organismus im Moment einer Zeugung determiniert wird, ist der Bereich möglicher Ontogenesen, von denen sich eine verwirklicht. Lebende Systeme existieren nur in Prozessen welche die Bewahrung ihrer Organisation und Anpassung gewähren. Unsere Körper sind transformierende Regelsysteme, ein Netzwerk sich verändernder Interaktionsrelationen. Da nichts geschehen kann was nicht durch die genetische Konstitution als möglicher Prozess zugelassen ist oder anders formuliert, unter der Voraussetzung dass die Ausgangsstruktur in seiner genetischen Konstitution besteht, wird klar, dass somit nichts feststeht, denn alles ist abhängig von den tatsächlich realisierten Interaktionen in diesem Prozess.

Die Ausgangstruktur ist die Voraussetzung für die individuelle Entwicklung, determiniert sie hingegen nicht. Denn ein Beobachter kann prinzipiell nur von genetischer oder sonstiger

Determiniertheit sprechen, wenn sich Wiederholung im Entwicklungsprozess bereits innerhalb seines Erfahrungsschatzes vollzogen hat. Doch im Prozess des Lebenszyklus ist alles kontinuierlicher Wandel und somit einmalig. Die Organisation des lebenden Systems bestimmt dabei über die möglichen Relationen und Interaktion.

Ein System ist autonom, wenn es fähig ist seine eigene Gesetzlichkeit zu spezifizieren. Wie Brand in seiner Systemtheorie richtig erkannt hat, sind somit Evolution und Kognition damit faktisch parallele Problemkreise. Erkennen ist zielgerichtetes handeln. Also eine Quelle wechselseitiger Pertubationen zwischen Natur und Mensch auf einer sehr abstrakten Ebene.

Das Gehirn übersteigt evolutionär betrachtet dabei die Anpassungsfähigkeit des Genotyps um ein Vielfaches, derart, das sich so Freiräume für den Phänotyp (im weitesten Sinne) fortwährend autonom emanzipieren können. In der gesellschaftlich-kulturellen Evolution des Informationszeitalters sind grade diese kulturellen *Meme* für alle frei zugänglich und verfügbar. Diese gewinnen aufgrund ihrer Plastizität und Verfügbarkeit zunehmend an Bedeutung, im Gegensatz zur konservativen DNA. Individualität scheint nunmehr rezessiv, Kompatibilität das Ziel. Ein Milieu ist durch chemisch elektrische Signale repräsentiert, die fortwährend auf und abgerufen werden können. Doch dazu zählt eben längst nicht mehr nur die physische Umwelt, sondern auch kulturelle Verhaltensmuster oder Normen, sogar der technisch abstrakte oder virtuelle Raum, der uns immer mehr vereinnahmt, sind längst Teil unseres natürlichen Habitats geworden.

Autopoietische Systeme sind gekennzeichnet durch Selbsterzeugung, Selbstbegrenzung und Selbsterhaltung, welche sich als Einheit zu seiner Umwelt in seiner Autopoiesis in Differenz setzt. In seiner selbstreferenziellen, rekursiven und zirkulären Struktur emergieren neue Eigenschaften, die die physischen, chemischen oder biologischen seiner Bestandteile transzendieren (z. B. Bewusstsein). Um sein Organisationsmuster aufrecht zu erhalten, trifft das System ständig autonome Entscheidungen die nicht von Milieu, sondern der eigenen Struktur bestimmt sind. Autopoietische Einheiten sind in ihren Sein und Tun nicht trennbar, sie sind gleichzeitig Erzeuger und Produkt. Sie stellen sich in einem zirkulären Netzwerk wechselseitiger Abhängigkeiten gegenseitig her und differenzieren sich selbst aus.

Kognition ist verkörpertes Handeln. Handeln und Wahrnehmung als motorische und sensorische Prozesse sind nicht trennbar, da sie sich gemeinsam entwickeln. Aber Kognition ist nicht ohne Vorverständnis möglich, also das Ergebnis der körperlichen Entwicklung in Abhängigkeit und Rückkoppelung von unserer soziokulturellen Welt. Unser Wissen hängt daher von unserer Verkörperung und dem sprachlich und soziokulturellen Kontext ab, in den wir eingebunden sind.

Die Kongruenz zwischen Milieu und Organismus bezeichnen wir zumeist aus der Sicht eines Beobachters als Lernen. Kommentiert als zweckmäßige Anpassung an die Umwelt, als einen Mechanismus der Akkommodation durch Informationsgewinn. Wenn der Beobachter jedoch vergisst dass die Adäquatheit gerade auf den sich wechselseitig auslösenden Zustandsveränderungen beruht, wird er eben diesen Prozess und Bereich so auffassen, als würde er dem Organismus Informationen liefern, um die beschreibende Umwelt zu handhaben.

Doch wir leben unsere Konversionen. Alles was wir tun, alle unsere verschiedenen Lebensweisen sind in unseren Körpern verwirklicht und zeigen sich in unseren Handlungen und aus diesem Grunde verändern wir wiederum unsere Körperlichkeit, wenn wir den Bereich unserer Handlungen verändern, die uns grade als diese Personen konstituieren.

So können lebende Systeme vom rein biologischen Standpunkt aus nicht unabhängig von dem Teil der Umgebung mit der sie interagieren verstanden werden, wie diese Nische selbst, welche mit dem lebenden System im ständigen Austausch steht. Solange

Verträglichkeit, daher Kompatibilität und Kongruenz wirken, sind Milieu und Einheit füreinander als gegenseitige Quellen von Pertubationen da.

Sie lösen wechselseitig Zustandsveränderung aus. Es gibt in diesem Sinne kein besser angepasst solange sie existieren. Erfolgreiche Interaktionen die direkt oder indirekt zur Erhaltung der Organisation des Lebens beitrugen, stellen die *einzige* und endgültige Bezugsgröße für gültiges Verhalten dar. Somit ist *kein* absolutes Wertesystem möglich.

Damit besteht die unausweichliche Aufgabe also darin, einen geeigneten Bezugsrahmen als Wertesystem auszuwählen. Dieser Aufgabe hat sich der Mensch stets dadurch entzogen, dass er sich dem *Absoluten* als Quelle der Wahrheit und der Selbsttäuschung durch die Vernunft überlassen hat, also mit fehlgeleiteten Vermengungen der Bezugssysteme argumentierte.

4 Heidegger – Das Sein des Da

4.1 Der hermeneutische Zirkel des Seins

Jedes wirkliche Ereignis trägt zu seinen Entstehungsbedingungen immer zusätzliche Formelemente bei, die seine eigene besondere Individualität vertiefen. Das Bewusstsein ist nur das letzte und höchste dieser Elemente, durch welche der selektive Charakter des Individuums die äußere Totalität abblendet, aus der es hervorgegangen ist. Ein Individuum hat allein aufgrund seiner Wirklichkeit mit der Totalität der Dinge zu tun, aber es hat seine individuelle Tiefe des Seins durch eine selektive Emphase erreicht. Die Aufgabe der Philosophie besteht nun darin, wieder zu dieser Totalität zu finden.

Nach Heidegger muss dabei ein *hermeneutischer Zirkel* durchlaufen werden. Der Prozess der Annäherung ist dabei, da es keinen objektiv beginnenden linearen und direkt zielführenden Weg gibt, nicht direkt abschließbar, sondern besteht in einer fortschreitenden Annäherung, ohne dass das angestrebte Ziel und Verständnis unmittelbar erreicht werden könnten. Die Bewegung dieses Zirkels verläuft dabei so, dass sich das Einzelne nur in Bezug zum Ganzen verstehen lässt und das Ganze sich wiederum nur am Einzelnen zeigt. Wenn der Verständnisvorgang nur im Durchlaufen eines Zirkels möglich ist, bleibt trotzdem fraglich, wo dieser Zirkel einsetzen soll. Heidegger wählte als Einsatzpunkt den Menschen, denn offensichtlich ist er es der die Frage nach dem Sinn von Sein stellt und wer anders sollte sie auch stellen? Nach Heidegger ist dabei die Frage nach dem Sinn von Sein das Kardinalproblem der Philosophie. Heidegger richtet also folglich seine Befragung an das *Dasein*, mit welchem er das Sein des Menschen bezeichnet. Das Selbst, das sich über sich selbst ausspricht; dass als Analytik der Existenz das Ende des Leitfadens dort festmacht, woraus es entspringt und wohin es zurückschlägt.

Diesen Zirkel zu leugnen heißt zu verkennen, vielmehr gilt es ganz in diesem Kreis aufzugehen und sich schon im Ansatz den vollen Blick auf das zirkelhafte Sein zu sichern. Daher wird in der Regel nicht zu viel, sondern zu wenig für die Ontologie vorausgesetzt, wenn man von einem weltlosen *Ich* ausgeht, ihm eine Welt gegenüberstellt und eine ontologisch grundlose Beziehung zu ihr schafft. Das Entscheidende ist also nicht aus dem Zirkel heraus, sondern in rechter und angemessener Weise hineinzukommen und mit wohlbedachter Spannweite seine Kreise zu ziehen, wobei die gesicherte Zugangsart keine beliebige Idee von Sein und Wirklichkeit sein darf, auch wenn sie noch so selbstverständlich an diese herangetragen wurde.

Da wiederum jedes Suchen sein vorgängiges Geleit vom Gesuchten her hat, muss aus dieser Leitung etwas als Sinn schon in gewisser Weise verfügbar oder verstanden sein. Doch damit sieht man sich wiederum der Gefahr ausgesetzt, einer ausgezeichneten Tendenz als Führung zu erliegen. Doch selbst wenn wir vorgänglich nicht wissen was *Sein* besagt, so zielt dieses bereits damit implizit geforderte *ist* oder *es-gibt* schon auf ein tief in uns wurzelndes existenziales Vorverständnis, im Sinne von *etwas-sein*. Jedes ontische Verstehen hat also bereits seine Voreinschlüsse, welche zu meist schon unreflektiert zu Wort gekommen sind. Ging die Transzendentalphilosophie noch von einem selbstgenügsamen, in sich ruhenden Subjekt aus, dessen Verbindung zur Außenwelt erst hergestellt werden musste, so soll Heideggers Begriff des *in-der-Welt-seins* gerade die Überwindung des traditionellen Subjekt-Objekt-Schemas vorantreiben und die grundlegende Zusammengehörigkeit von *Dasein* und *Welt* verdeutlichen.

Doch darf dieses innerweltliche Begegnen dabei wiederum nicht missverstanden werden, als das Aufeinander- oder Zusammentreffen eines frei schwebenden Subjekts genannt *Dasein*, das auf eine im Nichts treibende Welt trifft. Welt bezeichnet eine *sinnhafte Bedeutungsganzheit*, in der sich die Dinge sinnhaft aufeinander beziehen. Der *Sinn* von Sein und Dasein bedingen einander. So geht das Dasein einerseits als konstitutives Moment der Welt voran, andererseits ist Dasein selber nur aufgrund von Welt. Damit vertrat Heidegger weder einen metaphysischen Realismus: Die Dinge existieren auch ohne uns so wie sie sind, noch einen Idealismus: Der Geist erzeugt die Dinge wie sie sind. Jedoch deckt sich die These mit dem Realismus insofern, als die Außenwelt real vorhanden ist und wenn hingegen der Idealismus erklärt, Sein und Realität seien nur im Bewusstsein, kommt hier das Verständnis zum Ausdruck, dass Realität nur im Seinsverständnis möglich ist. Nur solange Dasein ist, das heißt die ontische Möglichkeit von Seinsverständnis, gibt es sinnhaftes Sein.

Um die Welt in ihrer Weltlichkeit, also in ihren Sinnstrukturen und in ihrem Geschehen freizulegen, sind die dem Menschen grundlegenden Strukturen, die Heidegger als *Existenzialen* bezeichnet zu bestimmen, auf Grundlage dessen dann wiederum die Frage beantwortet werden soll, wie sich durch sie die Welt verstehen lässt. Denn nur jene Existenzialen verfügen über das notwendige Vorverständnis, wie es für jede hermeneutische Untersuchung notwendige Voraussetzung ist, da der Mensch eben schon immer in diesen vorreflexiven Verständnishorizont eingelassen ist. Das Gefragte der auszuarbeitenden Frage ist also dass, was *Seiendes* als Seiendes bestimmt und worauf Seiendes schon je vorbestimmt oder verstanden ist, also letztlich der Punkt, wo in einem zirkulär konzipierten Kreisprozess sich Epistemologie und Ontologie ineinander verzahnen und aufeinander überfließen.

Das hermeneutische Paradigma wird also sozusagen auf die Ontologie übertragen. Aus dem hermeneutischen wird ein ontologischer Zirkel und jener schlägt wieder zurück zum verstehenden Sein. Weil nun zum Dasein nicht nur Seinsverständnis gehört, sondern eine Vielzahl sich vollziehender und ausbildender Modi, kann es über eine reiche Ausgelegtheit verfügen. Philosophie, Psychologie, Ethik, Politik und Dichtung sind dabei auf verschiedenen Wegen und in verschiedenem Ausmaß den Verhaltungen, Möglichkeiten und Geschicken des Daseins nachgegangen.

4.2 Die Charakterisierung des Daseins

4.2.1 Wer ist es?

Doch wer ist eigentlich dieses Dasein genau? Alle Seinsstrukturen mitunter auch die, welche auf die *wer-Frage* antworten, sind Weisen dieses Seins. Beantwortet als das Selbst, das sich im Wechsel der Verhaltungen und Erlebnisse als identisches einer bestimmten Perspektive durchhält und sich dabei auf eine Mannigfaltigkeit (Welt) bezieht. Doch auf der anderen Seite bleibt gerade das Sein das wir je selbst sind, auch das fernste, einfach weil der realisierende Prozess darüber liegt. Zwar spricht sich das Dasein zunächst im *ich-Sagen* selbst aus, doch werden wir uns primär nicht im Sinne des *ich-selbst*, sondern aus der Weise des *man* der anderen gegeben. Das Dasein ist *man* und bleibt zumeist so. Primär entnimmt das Dasein also seine Möglichkeiten aus der Ausgelegtheit des *man*. Die Öffentlichkeit und Durchschnittlichkeit hat diese Seinsart.

Es drückt sich als Zeitzeuge, Autorität, Gemeinverständnis, als Kultur und Zivilisation und vor allem in Worten aus. Das Dasein ist wesenhaft durch *Reden-können* bestimmt. Die Rede ist die Artikulation der Verständlichkeit des *Da*. Und weil für das Sein des *Da* die Rede konstitutiv ist und Dasein gleichsam besagt *in-der-Welt-sein*, hat sich das Dasein als redendes *in-sein* schon je ausgesprochen. Nicht weil es zunächst als ein Inneres gegen ein Äußeres abgekapselt ist, sondern weil es in diesem *in-sein* schon verstehend *da-draußen* ist.

Das Transzendenzproblem wäre also verfehlt, versuchen zu erklären wie ein Subjekt hinaus zu einem Objekt kommt. Gemeinhin wird jedoch Welt als ontischer Begriff genommen, als Inbegriff vorhandener Seinsstrukturen. Die Projektion der Selbstevidenz des Daseins dehnt sich im Existenzbegriff zu einer äußeren Gegenwelt unabhängiger Objekte, welche sich im Realitätsbegriff niederschlagen und gestalten. Doch was letztlich dieses Dasein wahrnimmt, ist nie das punktuelle Selbstsein, sondern bereits immer schon das ekstatisch erstreckte *Ganzsein*, die sich vollziehende und vollzogene *Bewandtnisganzheit*, aus der es sich selbst als Übersteig zur Welt und deren rückstrahlenden Reflexion gegeben wird.

In unserer Erfahrung gehen wir vor allem aus unseren Körpern hervor, der die Tatsache der unmittelbar relevanten Tatsache ist. Die Sinneswahrnehmung der gleichzeitigen Welt wird von der Wahrnehmung dieses *Dabei-seins* des Körpers begleitet. Sein als *ich-bin* meint *sein* oder *aufhalten-bei*. Das *Haben* einer Umwelt ist also seiner Möglichkeit nach bereits in der existenzialen Verfassung des *in-seins* fundiert. Es kann das umweltlich begegnende Seiende ausdrücklich entdecken, darüber wissen und verfügen. *Weltlichkeit* meint daher die Struktur des konstitutiven Momentes des *in-seins*.

4.2.2 Die Unabgeschlossenheit des Daseins

Das *in-der-Welt-sein* ist dabei keine zusammenstückbare Bestimmtheit, sondern eine ursprüngliche und ständig ganze Strukturganzheit. Als existenziale Bestimmung ist es dabei kein Kompositum des Daseins, sondern dort webt ein ursprünglicher Zusammenhang der Ganzheit. Das Erreichen dieser Gänze versagt sich dem Dasein jedoch dergestalt, da das *Sein-zum-Ende* zugleich auch immer der Verlust des Seins des *Da* ist und somit die Möglichkeit seiner ganzheitlichen Erschließung enthebt. Das *Sein-zum-Ende* ist jedoch der Existenz fest zugehörig. Das Ende ist nichts, wo etwa das Dasein zu seinem Ableben kommt, sondern es ist das äußerste und äußere *noch-nicht* oder *nicht-mehr* seiner selbst und schon immer in dieser Ganzheitsstruktur mit einbezogen. Es begrenzt und bestimmt die mögliche Ganzheit des Daseins. Es erschließt und zerbricht als äußerste Möglichkeit jede Versteifung und verhindert so, auf das schon Erreichte hinter sich selbst zurückzufallen, so dass es frei für die Möglichkeiten des eigensten *Sein-könnens* bleibt.

Im Wesen der Grundverfassung des Daseins liegt also eine ständige *Unabgeschlossenheit* oder Offenheit. Das Dasein existiert schon immer so, dass zu ihm ein *noch-nicht* oder *nicht-mehr* gehört. Diese Unabgeschlossenheit lässt sich auch als *Potenzialität* deuten.

Dieser Ausstand darf jedoch nicht als ein *noch-nicht*, das nur angestückt wird; will heißen Zugang einer möglichen Deduktion oder Abstraktion verstanden werden, welche eben diesen Ausstand rationell zu ergänzen vermag. Das Dasein muss vielmehr das was es noch nicht ist, immer erst selbst werden. Wie die unreife Frucht die ihrer Reife entgegengeht, ihr also dabei keineswegs ein außenstehendes, das gleichgültig gegen die Frucht ist, angestückt wird. Sie selbst bringt sich zur Reife und ein solches *sich-selbst-zur-Reife-bringen* charakterisiert auch das *Sein* als organisch konzipierter Kreisprozess.

4.2.3 Die Geworfenheit des Daseins

Das *in-der-Welt-sein* beginnt mit dem *Wurf* in die Welt. Die *Geworfenheit* ist dabei die Seinsart eines Seienden, das je selbst seine Möglichkeiten ist. Aus seinem unverschuldeten Wurf in die Welt ist das Dasein als *geworfenes* somit wiederum selbst in die Seinsart des *Entwerfens* geworfen. Das Dasein hat dabei aus dem Wurf sein eigenstes *Grundsein* existierend zu übernehmen, da es keinen eigentlichen ontologischen Startpunkt gibt, sondern bereits immer eine erstreckte wechselseitig bestimmte Bewandnisganzheit (Welt) vorliegt. Es kommt somit nicht hinter seinen Wurf zurück, sodass es dieses *das*, aus seinem Selbstsein heraus entlassen und in das *Da* führen könnte.

Der Wurf wird zunächst vom Dasein nicht eigentlich abgefangen, sondern das Dasein wird in den Bezügen und Verfänglichkeiten der *Geworfenheit* als solche mitgerissen. Die in ihm liegende Bewegtheit kommt nicht schon dadurch zum Stehen, dass das Dasein nun *da* ist. Der Bewegtheitscharakter der Geworfenheit verdeutlicht, dass das Dasein nie eigentlich fertig ist und stets dem Wurf *überantwortet* bleibt.

Die *Geworfenheit* liegt wiederum nicht hinter ihm, als ein tatsächlich vorgefallenes und vom Dasein wieder losgefallendes Ereignis das mit ihm geschah, sondern das Dasein bleibt solange es existiert, *geworfener Entwurf auf das eigenste Sein* und somit *sich-selbst* überantworteter Grund seines Seins. Auch füllt das Dasein nicht erst durch die Phasen seiner momentanen Verwirklichungen eine irgendwie vorhandene Bahn oder Strecke seines Lebens auf, sondern sein eigenes *Seinkönnen* liegt im Vorhinein als nur *ganzheitliche Erstreckung* vor. Nur ein Seiendes das in dieser Erstreckung gleichursprünglich zukünftig wie gewesen ist, kann sich aus diesem *Zwischen-sein* die ererbte Möglichkeit überliefern und *da-zu-sein* für seine Zeit und vermag so in ihr aufzugehen.

4.2.4 Das erschließende Verstehen

Die ontologische Interpretation bringt vorgegeben Seiendes hinsichtlich seiner Struktur auf den Begriff. Wenn es um ontologisches Verständnis geht, nimmt die Seinsauslegung primär Orientierung am *innerweltlich* Seienden, wobei zunächst dieses Seiende als vorhandener Dingzusammenhang begriffen wird. Die Grundbestimmung dieses Seins wird als Substantialität ausgemacht. Das Sein erhält den Sinn von *objektiver Realität*. Dieses Seinsverständnis rückt auch das ontologische Verstehen des Daseins in den Horizont dieses Seinsbegriffes. Die vorausgesetzte Wahrheit des *es-gibt* im Sinne von *etwas-sein*, womit ein Sein bestimmt werden soll, hat immer diesen immanenten Seinssinn. Diese Voraussetzung müssen wir machen, weil sie im Grunde mit unserer Existenz bereits gegeben ist. *Dasein* ist ontisch dadurch ausgezeichnet, dass es in seinem Sein um dieses Sein selbst geht. Das Sein des Daseins ist wesenhaft *frei-sein* für die eigensten Möglichkeiten.

Es ist als ein *Seinkönnen* bestimmt, das sich selbst gehört. Weil es je seine Möglichkeit ist, kann dieses Seiende sich in seinem

Sein je selbst wählen. Ein verstandenes, das heißt, ein auf seine Möglichkeiten zu bringendes Sein wird ergriffen. Sich auf sein eigenstes *Seinkönnen* zu entwerfen besagt also, sich selbst verstehen können im Sein des so enthüllten. Sein genereller Bestand gründet also nicht in der Substantialität, sondern vielmehr in der Selbstständigkeit seiner Existenz. Im Sein des Daseins liegt die Möglichkeit des *Selbst-sein-könnens*, daher der radikalsten Individuation, aber hingegen auch der strengsten Objektivität. Doch bleibt es nie ein frei schwebendes Entwerfen, sondern ständig der Existenz überantwortet.

Die herauszustellenden Charaktere sind daher nicht Eigenschaften eines so und so vorhandenen Seienden, sondern Dasein ist in der Art und Weise seiend, so etwas wie Sein zu verstehen. *Verstehen* ist daher keine Eigenschaft die dem Dasein darüber hinaus zukommt, daher gelegentlich von ihm abfallend könnte, sondern verkörpert als konstitutives Moment grade seine *Essenz* (Extentia). Das Seiendes mit dem eigenen *da* der Existenz entdeckt, steht jedoch nicht im Belieben des Daseins, nur was und in welcher Richtung und Weite es erschließt ist seine Sache.

Es ist erleuchtet besagt dabei an ihm selbst gelichtet, nicht durch ein anderes Seiendes, sondern so dass es selbst die Lichtung ist. Das innerweltlich Seiende ist überhaupt hin auf *Welt* entworfen, das heißt auf ein Ganzes von Bedeutsamkeit, in deren Verweisungsbezügen das *Besorgen* einsetzt. Das umsichtige *Besorgen* bewegt sich in diesen Bewandtnisbezügen. *In-der-Weltsein* besagt also das Aufgehen in den Verweisungen, so dass der besorgende Umgang sich eine Orientierung sichert. Seiendes wird als dieses verwiesene Seiende entdeckt. Es hat eine *Bewandtnis* innerhalb derer das faktische *Besorgen* einsetzt. Wenn innerweltlich Seiendes mit dem Sein des Daseins entdeckt, das heißt zu *Verständnis* gekommen ist, sagen wir es hat *Sinn*. Sinn ist das, *worin* sich Verstehbarkeit von etwas hält. Sinn bedeutet das worauf hin des primären Entwurfs. *Sinn ist das formale Gerüst des Daseins.*

Erschließend wiederum ist das Dasein gerade in seinem Sein, das heißt in der Möglichkeit *da* zu sein. Doch kein vorhanden Seiendes einer losgelösten Objektwelt wird entdeckt, sondern *besorgend* erschlossen. Diese *Erschlossenheit* lässt erst auf diese oder jene Art und Weise begegnen. Dadurch wird für das Dasein dieses Seiende durch es selbst erst zugänglich. Dieses *auf-sich-zu-kommen* der Entschlossenheit erschließt die jeweilig faktischen Möglichkeiten des eigensten *Seinkönnens*.

Verstehen birgt darüber hinaus die Möglichkeit der *Auslegung* in sich, also die *Zueignung* des Verstandenen. Die Zueignung des Verstandenen aber noch Eingehüllten, vollzieht die Enthüllung in der Hinsicht, welche das fixiert, worauf das *Verstandene* ausgelegt werden soll. Die Auslegung kann die zugehörige Begrifflichkeit aus diesem Seienden selbst schöpfen oder jenes in Begriffe zwängen, die sich gemäß seiner Seinsart widersetzen. Die *Aussage* ist der Aneigungsmodus der Entdecktheit. Das in Sätzen ausgesprochene kann nun wiederum verwahrt werden und wird somit selbst zu *innerweltlich Zuhandenen*.

Das Dasein gewinnt sich dabei zumeist aus dem, was das zu Besorgende ergibt oder sich versagt. Die wahlfreien Möglichkeiten erstrecken sich somit immer schon auf den Umkreis des Bekannten, des Erreichbaren, des Tragbaren, dessen was sich geschickt und gehört. Doch diese durchschnittliche Alltäglichkeit wird somit auch möglichkeitsblind und beruhigt sich bei dem nur wirklichen. Sie verliert sich haltlos an das nur Verfügbare und etabliert den Hang des Daseins von der Welt in der es je ist gelebt zu werden. *Man* wird von der Welt gelebt. Das Dasein hat sich verloren an das immer nur *schon-sein-bei*.

Viel gewandte Neugier, ruheloses alles kennen täuschen demnach ein universales Daseinsverständnis vor. Im Grunde bleibt aber unbestimmt und ungefragt, was eigentlich zu verstehen sei. In diesem beruhigten alles verstehenden sich vergleichen mit allem, treibt das Dasein einer gewissen Entfremdung zu. Diese Entfremdung in seiner übertreibenden Selbstzergliederung, die sich an allen Deutungsmöglichkeiten versucht, treibt es in die *Uneigentlichkeit* in der sich das Dasein verfängt. In dieser Bewegtheit des *Zerfallens* stürzt das Dasein in die Nichtigkeit der Alltäglichkeit, in der sich die wesenhafte Tendenz der Einebnung aller Seinsmöglichkeiten vollzieht.

Alles Ursprüngliche ist über Nacht geglättet, alles Erkämpfte wird handlich, jedes Geheimnis verliert seine Kraft. Doch der Öffentlichkeit bleibt dieser Verfall verborgen, ja er wird vielmehr als Aufstieg und konkretes Leben ausgelegt und gefeiert. Diese beruhigte Vermeintlichkeit alles zu besitzen und zu erreichen, reißt das Dasein los vom Entwerfen eigentlicher Möglichkeiten.

Doch das Dasein hat nicht nur die Geneigtheit an seine Welt zu verfallen, sondern auch mit seiner ausdrücklichen Tradition. Diese übernimmt zunächst die eigene Führung des Fragens und Wählens. Die hierbei zur Herrschaft kommende Tradition macht zumeist das, was sie übergibt so wenig zugänglich, dass sie mehr verdeckt als offenbart. Sie überantwortet das zu Überkommende der Selbstverständlichkeit und verlegt den Zugang zu den ursprünglichen Quellen, ja macht sogar eine solche Herkunft überhaupt vergessen. Die Gefahr ist somit immer gegeben, dass sich das Sein aus den erwachsenen Traditionen als Selbstverständlichkeiten des nicht weiter zu hinterfragenden, in zwar neuen, doch immer nur verschiedenen Schattierungen auslegt.

4.3 Die Leitfäden der Wissenschaft

Wir leben und bewegen uns nicht nur in der Sprache, sondern auch in der Wissenschaft als dem formalen Pendent des Daseins. In dieser Verhaltung gewinnt das Dasein einen neuen und gefestigten Seinsstand zu der entdeckten Welt, welcher zur Aufgabe werden und die Führung übernehmen kann. Mit der grundbegrifflichen Ausarbeitung dieses führenden Seinsverständnisses determinieren sich die Leitfäden und Methoden. Diese Thematisierung zielt auf die Freigabe des Innerweltlichen für das Entdecken, das heißt also die Möglichkeit *Objekt* zu werden. Wissenschaft verfügt darüber, was objektiv befragbar, bestimmbar und entscheidbar werden kann. Sie weitet sich zu einem Ganzen eines Begründungszusammenhanges wahrer Sätze. Am Leitfaden des nunmehr führenden Verständnisses wird die Entschränkung zugleich aber auch eine Umgrenzung der Region, im Sinne von nur noch *Vorhanden-sein*, das den Sinn von bestimmter und bestimmbarer Realität enthält.

Je angemessener im führenden Seinsverständnis das Sein des zu erforschenden Seienden verstanden wird und damit als mögliches Sachgebiet einer Wissenschaft in seinen Grundbestimmungen artikuliert ist, umso sicherer wird die jeweilige Perspektive des methodischen Fragens. Wir sehen das Begegnende nur noch als *Vorhandenseiendes* neu an und weisen es seinem rechten *Platz* zu. Der Platz wird zu einer *Raum-Zeit-Stelle*, zu einem Weltpunkt der sich vor keinen anderen auszeichnet. Das Seiende der Umwelt wird überhaupt entschränkt und das *all* zum Thema.

Das umsichtsfreie nur noch hinsehende Entdecken neutralisiert, es verliert seinen Bewandtnischarakter und wird zu einer reinen Stellenmannigfaltigkeit von ausgedehnten Dingen. Die Welt der Bewandtnisse wird zur reinen Naturwelt eines homogenen Raumes. Der Modus des *nur-noch-Verweilens-bei* lässt das innerweltlich Seiende nur noch im puren Aussehen begegnen. Dieses Hinsehen ist bereits eine bestimmte *Richtungsnahme-auf*, ein bestimmtes Anvisieren. Die Funktion der Zueignung und des Besorgens greift nicht mehr aus einer Bewandtnisganzheit, sondern ist von seinen Verweisungsbezügen abgeschnitten und wird in die gleichmäßige Ebene des *nur-noch-Sehenlassens* abgedrängt.

Das vulgäre Seinsverständnis fasst Sein als *Vorhandenheit* auf, also im *anwesend-Sein* und *Verschwinden* von etwas wird Weltgeschichte ausgelegt. Doch Geschichte bezeichnet keinen Bewegungszusammenhang von Veränderungen der Objekte, noch die frei schwebende Erlebnisfolge der Subjekte. Die ontologische Ganzheit dieser Struktur kann nicht auf ein ontisches Urelement zurückgeführt werden. Das Phänomen der *Gleichursprünglichkeit* der konstitutiven Momente ist in der Ontologie oft missachtet worden, zum Preis einer methodisch ungezügelten Tendenz zur Herkunftnachweisung von allem und jedem, aus einem einfachen Urgrund. Die Seinsverfassung deckt sich jedoch nicht mit der Einfachheit und Einzigkeit eines letzten Aufbauelements. *Der ontologische Ursprung des Seins, kann nicht geringer oder mächtiger sein als das was ihm entspringt. Sein bezeichnet eine Strukturganzheit die ein Potenzial auf ein mögliches Seinkönnen als Konstitutivum bereitstellt.*

Dasein ist also kein Verstehen oder Entdecken einer frei schwebenden Tatsache, sondern das *Halten* in der existenziellen Möglichkeit des *Seinkönnens*. Es ist die sich aussprechende Möglichkeit des Selbst im Hinblick auf seine eigene Realisierung und Konkretisierung. Wir müssen somit die uns so schlicht wie selbstverständlich erscheinende Forderung, alles aus einem objektiv beginnenden Urgrund herzuleiten, zugunsten einer zirkulären Struktur immanenter Potenzialität aufgeben. Das Dasein zeugte dabei, indem wir es selbst zu Worte kommen ließen, von dieser durch Heidegger analysierten spezifischen Struktur des *Zwischen-seins*.

5 Whitehead – Prozess und Wirklichkeit

5.1 Das wirkliche Einzelwesen

Die dem Universum inhärente Freiheit beruht auf dem Element der Selbstverursachung. Alle Seienden teilen das Charakteristikum der Selbstverursachung. Es ist die elementare Tatsache eines fundamentalen Strebens, das ein Prinzip der Unruhe enthält: Dem Kontrast dessen was noch nicht ist, aber sein könnte. Wirkliche Welt heißt für Whitehead *Prozess* und dieser das fortwährende Werden von *wirklichen Einzelwesen*. Daher sind wirkliche Einzelwesen *wirkliche Ereignisse*. Wirkliche Einzelwesen sind die *Atome* im Prozess. Sie sind die vom Prozess abgeleiteten Geschöpfe. Die wirkliche Welt bezieht sich auf das Werden eines abgegrenzten Einzelwesens. *Abgrenzung* ist das bestimmende Element einer jeden Wirklichkeit, das allen Seienden zugrunde liegt. Das Erreichen einer individuellen Abgegrenztheit ist dabei die Zweckursache die einen besonderen Prozess beseelt, der auf die unmittelbare Vollendung zielt.

Die organistische Philosophie gibt dabei die Vorstellung von einem wirklichen Einzelwesen als dem unveränderten Objekt oder Subjekt vollständig auf. Für ein wirkliches Einzelwesen sind daher zwei Beschreibungen nötig. Erstens seine *Potenzialität* im Werden anderer wirklicher Einzelwesen und eine die den Prozess analysiert, der sein *eigenes* Werden ausmacht. Ein wirkliches Einzelwesen ist seinem Wesen nach eine Einheit, welches aus der Synthese der vielen entsteht und diese Synthese ist sowohl Prozess der kreativen Emphase der Selbstverwirklichung, als auch ein Aspekt im Werden anderer wirklicher Einzelwesen, auf dessen Basis – als kreatives Fortschreiten ins Neue verstanden, der Weltprozess abläuft.

Das Werden eines wirklichen Einzelwesens fußt dabei auf der Potenzialität der vielen, die sich im Zustand trennender Verschiedenheit befinden, so dass das wirkliche Einzelwesen die reale *Konkretisierung* dieser vielen Einzelwesen verkörpert, die als Potenziale wirken. Potenzialität ist ein Element in jeder Konkretisierung eines oder mehrerer Einzelwesen zu einer Wirklichkeit. *Es liegt nach Whitehead in der Natur eines Seienden, ein Potenzial für das Werdende zu sein.*

Das richtige *Gleichgewicht* von Atomismus und Kontinuität ist dabei von entscheidender Bedeutung für die im Universum vorherrschende Ordnung, welche die
vielen Seienden im Zustand der trennenden Verschiedenheit, als übergeordnetes Prinzip zu einer komplexen Einheit verbindet. Dabei entsteht das *Neue*, dass die Gemeinsamkeit der vielen verkörpert, die es synthetisiert. Diese kreative Aktion ist das Universum als Selbsterschaffungsprozess; das stete *Einswerden* in einer besonderen Einheit der Selbsterfahrung, durch das die Vielheit erweitert wird.

Die organistische Philosophie interpretiert dabei *Erfahrung* als das Erleben, *eins* unter vielen und *eins* zu sein, das aus der Zusammensetzung vieler hervorgeht. Wirklich zu sein muss bedeuten, dass alle wirklichen Dinge Objekte sind, indem sie kreative Aktionen und Wirkungen zuwege bringen und Subjekte, von denen jedes das Universum erfasst, aus dem es hervorgeht.

Erfassen ist dabei in Whiteheads Philosophie der Oberbegriff für die Bindungen, die jedes wirkliche Einzelwesen zu der Welt hat aus der es hervorgeht. Jeder Prozess der Aneignung eines besonderen Elements wird als ein Erfassen bezeichnet. Doch im Gegensatz zum dualistischen Geist liegen in der organistischen Philosophie *Subjekte* den Prozessen der Welt nicht zugrunde, sind daher nicht Quelle der Erfahrung, sondern sie erfahren und entstehen erst im *Prozess*.

Ein wirkliches Einzelwesen ist das Subjekt das seiner eignenden Unmittelbarkeit des Werdens vorsteht. Dieser Prozess ist das Subjekt und innere Moment, das die intrinsischen Eigenschaften eines wirklichen Einzelwesens darstellt. Es ist sowohl das erfahrende Subjekt als auch das Superjekt seiner eigenen Erfahrung, das aus seinem eigenen Prozess hervorgeht.

Auf der anderen Seite steht das wirkliche Einzelwesen wiederum selbst im Kontrast zu anderen wirklichen Einzelwesen und weil Objekte stets auch aus ihrer eigenen Perspektive Subjekte sind, objektivieren sich die Subjekte gegenseitig. Diese Einzelwesen befinden sich in einem ständigen Prozess, in dem sie andere Einzelwesen in sich aufnehmen. Mit der Objektivierung ist jedes wirkliche Einzelwesen in einem anderen objektiv unsterblich geworden. Der Prozess der wechselseitigen Objektivierungen schreitet in unendlicher und regressiver Weise fort.

5.2 Das ontologische Prinzip

Jedes wirkliche Einzelwesen trägt in seiner Beschaffenheit die Gründe aus denen seine Bedingungen sind. Dies sind die Gründe der anderen. Nach dem ontologischen Prinzip gibt es nichts, was aus dem nirgendwo in die Welt treibt. Alles in der wirklichen Welt lässt sich auf irgendein wirkliches Einzelwesen beziehen, wird entweder von einem wirklichen Einzelwesen aus der Vergangenheit übertragen oder gehört zum subjektivistischen Ziel der sich vollziehenden Konkretisierung dieses wirklichen Einzelwesens. Diese Erklärung wird als das *ontologische Prinzip* bezeichnet. Dieses Prinzip dass auch das Prinzip der Wirk- oder Zweckverursachung heißen könnte, besagt, das wirkliche Einzelwesen die einzigen Gründe sind. Deshalb ist die Suche nach einem Grund auch immer die Suche nach einem wirklichen Einzelwesen. Daraus folgt, dass jede Bedingung die ein wirkliches Einzelwesen in seinem Prozess erfüllen muss, entweder eine Tatsache über die reale innere Beschaffenheit ausdrückt oder über das subjektive Ziel das diesen Prozess leitet.

Das ontologische Prinzip der organistischen Philosophie erklärt, dass jede *Entscheidung* auf mindestens ein Einzelwesen bezogen werden kann und muss. Das Wort Entscheidung impliziert hier kein bewusstes Urteil, sondern das Wort enthält eine ursprüngliche Bedeutung, die dem Aspekt einer Abgrenzung Rechnung trägt. Entscheidung darf wiederum nicht als Zusatz zu einem wirklichen Einzelwesen aufgefasst werden. Es begründet die ganze Bedeutung der Wirklichkeit. Ein wirkliches Einzelwesen geht aus Entscheidungen hervor und bereitet durch seine Existenz, Entscheidungen für andere wirkliche Einzelwesen vor.

Wirklichkeit ist die Entscheidung inmitten der Potenzialität, welche eine Kreativität qualifiziert, aufgrund der jedes wirkliche Einzelwesen um seiner selbst willen etwas Individuelles verkörpert und dadurch die übrige Wirklichkeit von der es verschieden ist, abgrenzend transzendiert. Alle wirklichen Einzelwesen gehen mit der Fähigkeit *Determinanten* für die Abgegrenztheit einer Wirklichkeit zu sein, in den Prozess der Selbstverursachung ein.

5.3 Das subjektive Ziel der Erfüllung

Kreativität findet sich immer unter Bedingungen vor und ist daher bedingt zu beschreiben. Denn es gibt nicht so etwas wie die absolute Freiheit, da jedes wirkliche Einzelwesen nur die Freiheit besitzt, welche in der primären Phase angelegt ist, die durch seinen *relativen* Standpunkt zu seinem wirklichen Universum gegeben ist. Die formale Beschaffenheit eines wirklichen Einzelwesens ist daher ein Prozess des Übergehens von Unbestimmtheit in endgültige *Bestimmtheit*.

Der erste Schritt im Prozess sorgt für die Bedingungen welche die Vollendung real beherrschen, während der spätere Prozess die Ziele bereitstellt, in welcher eine Wirklichkeit erreicht werden soll. Die Gegenwart verkörpert dabei die *Unmittelbarkeit* des teleologischen Prozesses durch welche die Realität wirklich wird.

Ein wirkliches Einzelwesen wird als *Prozess* angesehen. Es findet ein Wachstum von Phase zu Phase statt. Die schöpferische

Energie des geistigen Pols begründet dabei den Drang, aufgrund dessen die begrifflich erfassten Informationen subjektive Formen ausrichten und dadurch die spezifischen Integrationsweisen bestimmen, welche in der Erfüllung terminieren. Mit der Zeit wird so eine komplexe Einheit des objektiven *Datums* erreicht, welches entsprechend mit der Einheit der komplexen *subjektiven Form* empfunden wird. Das abschließende vollständige Empfinden ist die *Erfüllung*. Ein wirkliches Einzelwesen ist daher ein Prozess, in dessen Verlauf viele Operationen mit unvollständiger subjektiver Einheit, in einer vollständigen Einheit dieser Operationen terminieren, welche als Befriedigung des kreativen Drangs *Erfüllung* genannt werden.

Der Prozess des wirklichen Einzelwesens bezeichnet von seinen Daten eine *Synthese*, von ihm selbst her gesehen, eine *Konkretisierung* der Erfüllung seines subjektiven Ziels das es anstrebt. Die Erfüllung jedes wirklichen Einzelwesens ist ein Moment und Element im *Gegebensein* des Universums. Es begrenzt die schrankenlose abstrakte Möglichkeit. Die Erfüllung ist das abgegrenzte wirkliche Einzelwesen als eine abgeschlossene Tatsache. Sein eigener Prozess hat sich verbraucht und erfüllt. Seine Auswirkungen sind alle im Sinne seiner Erfüllung zu beschreiben. Die Auswirkungen sind die Eingriffe in andere Konkretisierungsprozesse. Jedes Einzelwesen das derart in Prozesse eingreift, fungiert als ein Objekt. Diese Eigenschaft begründet die Solidarität des Universums.

Die Anfangsphase des subjektiven Ziels ist eine Ausstattung, die das Subjekt von der unvermeidlichen Ordnung der Dinge, daher gemeinhin als Datum übernimmt. Diese Wirkverursachung ist das Einströmen der wirklichen Welt in das Einzelwesen, sie wird von dem sich so konkretisierenden Subjekt empfunden und reaktiviert. Aber diese Reaktivierung hat lediglich den Charakter der Anpassung an ein Muster. Die subjektive Wertung hingegen ist das Werk eines neuen begrifflichen Empfindens. Es modifiziert die subjektiven Formen auf der ganzen Reichweite des

Empfindens und leitet dadurch die Integrationen. Soweit die autonome individuelle Energie unbedeutend ist, empfängt das Subjekt die physischen Empfindungen lediglich und richtet die Wertungen nach der Ordnung der Epoche aus. Sein eigenes Moment autonomer individueller Erfahrung hat keine Bedeutung für die Wissenschaft, die Übertragungen bis zur bewussten Erfahrung eines abschließenden Beobachters hinauf verfolgt. Sobald aber die individuelle Erfahrung eine Rolle spielt, muss die Autonomie des Subjekts bei der Modifikation seines anfänglich subjektiven Ziels berücksichtigt werden. Die Untersuchung der Prinzipien, nach denen sich die Übertragung von Empfindungen in Daten für neue Empfindungen vollzieht, muss letztlich das begriffliche Empfinden als ein konstitutives Moment, sich notwendig auch als in den Ontologien niederschlagend begreifen.

Ein wirkliches Einzelwesen muss hinsichtlich seiner Erfüllung ausgemacht und eingeordnet werden und diese geht dabei durch die Operationen, die seinen Prozess ausmachen, aus seinem Datum hervor. Aus jener so vollzogenen Erfüllung ist alle Unbestimmtheit verschwunden, sodass es zu einer vollständigen Bestimmung des Empfindens kommt. Das Erfassen eines wirklichen Einzelwesens durch ein anderes ist eine vollständige *Transaktion*, die analysiert werden kann als *Objektivierung* des früheren Einzelwesens, als Daten für das Empfinden des späteren, durch welches dieses Datum in die subjektive Erfüllung absorbiert wird. Das wirkliche Einzelwesen geht als das sich selbst erschaffende Geschöpf in seine unsterbliche Funktion, als ein Teilschöpfer der transzendenten Welt über.

In seiner Selbsterschaffung wird es von seinem Ideal, dem Selbst der individuellen Erfüllung geleitet. Das Erleben dieses Ideals ist das *subjektive Ziel*. Dieses subjektive Ziel ist nicht primär intellektuell, es ist vielmehr der Anreiz für ein Empfinden. Dieser Anreiz ist der Keim des Geistes, die Verschmelzung der Daten mit den Empfindungsweisen. Diese subjektiv synthetischen Empfindungsweisen rezipieren die Daten nicht nur lediglich als fremde Tatsachen, sie versehen das nackte Skelett mit dem Fleisch eines realen, emotional zwecksetzenden und empfänglichen Seienden. Das subjektive Ziel der Erfüllung begründet die Zweckursache oder den Anreiz, durch den es eine bestimmte Konkretisierung gibt. Die Intensität der Erfüllung wird unter anderem durch die Ordnung der jeweiligen Phase gefördert, aus der die Konkretisierung erwächst. Der Begriff der Ordnung hängt dabei mit dem des wirklichen Einzelwesens zusammen, in dem das Erreichen einer spezifischen Erfüllung enthalten ist. *Erfüllung* kann dabei nicht als Bestandteil verstanden werden, das zu seiner eigenen Konkretisierung beiträgt, sondern der Begriff der Erfüllung ist der Begriff des wirklichen Einzelwesens als konkretes, abstrahiert vom Prozess der Konkretisierung. Er ist das vom Prozess losgelöste Ereignis und verliert dadurch die Wirklichkeit, das sowohl *Prozess* als auch unmittelbare *Tatsache* ist.

Die Transzendenz ergibt sich also wenn eine bestimmte Erfüllung erreicht wird, die das vorausgehende wirkliche Einzelwesen vervollständigt. Vervollständigung ist das Vergehen der Unmittelbarkeit. Kreativität geht in vollständig bestimmte Erfüllung über. Kreativität ist daher transzendent und diese Transzendenz bewirkt bestimmte Objektivierungen für die Erneuerungen des Prozesses, in der Konkretisierung von Wirklichkeiten die jenseits dieser Erfüllung liegen.

5.4 Die Konkretisierung

Konkretisierung ist der Name für den Prozess, durch den das Universum der vielen Dinge eine individuelle Einheit erreicht, sodass jeder Aspekt der vielen, endgültig in die Beschaffenheit dieses einen *neuen* zentriert. Der allgemeine Terminus *Ding* bedeutet indes gerade nichts anderes, als eines unter vielen zu sein. Jeder Fall von Konkretisierung ist selbst das jeweils neue individuelle Ding. Es gibt nicht die Konkretisierung und das Neue. Wirklichkeit bedeutet nichts anderes als dieses grundlegende Eingehen in das *Konkrete*. Obwohl ein Fall von Konkretisierung immer ein wirkliches Einzelwesen oder ein wirkliches Ereignis ist, gibt es dennoch keine vollständige Menge von Dingen, da es eben nicht viele Dinge geben kann, die nicht einer sie synthetisierenden konkreten Einheit unterworfen sind. Daher ist eine Menge wirklicher Ereignisse immer ein *Standpunkt* aus einer bestimmten Konkretisierung heraus, die aus diesen vielen eine konkrete *Einheit* hervorlockt.

Der Ausdruck *wirkliche Welt* bezieht sich daher immer auf irgendeine Konkretisierung. Andererseits kann Wirklichkeit selbst nicht vom potenziellen geschieden und auf bloße Tatsachen reduziert werden. Es ist nämlich der Beschaffenheit der unmittelbaren Wirklichkeit wesentlich, dass sie von einer Zukunft verdrängt wird. So besitzt die Zukunft zwar formale, aber keine unmittelbare Wirklichkeit in der Gegenwart. Die wirkliche Zukunft wird erst erfahren, da die vollständigen Wirklichkeiten dieser Zukunft noch unbestimmt sind, da die fließenden Dinge im Sinne von Begrenztheit und somit endgültig ausschließend für vieles, was sie hätten sein können aber nicht sind, unvollkommen sind.

Der Prozess beruht dabei auf dem Einfließen *zeitloser Gegenstände*, die mit der realen inneren Beschaffenheit wirklicher Einzelwesen ins Universum gelangen und in eine neue Bestimmtheit des Empfindens münden. Zeitlose Gegenstände sind *Potenziale* für das physische Empfinden. Diese Funktion bildet das Konstituens für den objektiven Anreiz. Die Qualität des Empfindens muss abgegrenzt sein bezüglich der zeitlosen Gegenstände, mit denen sich das Empfinden in seiner Selbstabgrenzung ausstattet. Zeitlose Objekte oder Gegenstände verkörpern *Kontraste* und haben ein *relationales Wesen*, können jedoch wiederum nicht ohne einen Bezug auf eine Realisierungsmöglichkeit gedacht werden. Sie stehen als Möglichkeit vor den Dingen, sind als Realisierung in den Dingen und liegen als Bezug zwischen den Dingen.

Ein Sinnesgegenstand ist in der Hinsicht komplex, als er eben nicht ohne seine Potenzialität gedacht werden kann, Kontraste und musterförmige Beziehungen mit anderen zeitlosen Gegenständen einzugehen. Die Abweisung oder Zulassung zeitloser Gegenstände, mit ihren abstrakten Status reiner Potenziale, dessen was sein könnte, hat die Fähigkeit eines relevanten Kontrastes zu dem was ist. Ein Muster ist eine Art komplexer Kontrast. Die Art eines Musters ist sein individuelles Wesen. Kein individuelles Wesen lässt sich jedoch ohne einiger seiner Beziehungspotenzialitäten realisieren, das heißt abgesehen von seinen relationalen Wesen.

Zeitlose Gegenstände drücken darüber aus, wie die Beschaffenheit eines wirklichen Einzelwesens nach Phasen analysiert werden kann, die als vorausgesetzt und voraussetzend aufeinander bezogen sind. Sie bringen zum Ausdruck wie die Vorgängerphase von der Nachfolgerphase absorbiert wird. Ein zeitloser Gegenstand in Abstraktion von irgendeinem wirklichen Einzelwesen, ist eine Potenzialität des Eintretens in das wirkliche Einzelwesen. Bei Eintritt in ein beliebiges wirkliches Einzelwesen, geht aus der Weise des Eintretens potenzielle Unbestimmtheit in Bestimmtheit über. So wird die gleichzeitige Welt bewusst als ein Kontinuum von extensiven Relationen erfasst. Die Kontinuität betrifft das potenzielle, während die Wirklichkeit unheilbar atomistisch ist.

Empfindungen sind die realen Bestandteile von wirklichen Einzelwesen, wohingegen Aussagen nur als eine Art objektives Datum für die Empfindungen realisierbar sind. Die Wirkungsweise eines wirklichen Einzelwesens in der Selbsterschaffung eines anderen, ist seine Objektivierung für dieses wirkliche Einzelwesen. Die Wirkungsweise eines zeitlosen Gegenstandes ist sein Eintreten. Er kann in der Konkretisierung ein Element in der *Abgegrenztheit* eines wirklichen Einzelwesens sein. Er führt ein wirkliches Einzelwesen in die reale innere Beschaffenheit eines anderen wirklichen Einzelwesens ein. Er wirkt daher *relational* als Vermittler der Objektivierung. Er kann aber auch ein Element in der Abgegrenztheit der subjektiven Form eines Empfindens oder ein Element in dem Datum eines begrifflichen oder aussageartigen Empfindens sein.

Zeitlose Gegenstände oder ähnliche Komplexe sind wie alle wirklichen Einzelwesen selbst Potenziale für den Prozess des Werdens. Ihr Eintreten begründet die Begrenztheit der jeweiligen Wirklichkeit. Jede Konkretisierung fußt auf einer Auslösung und seinem abgrenzenden Abschluss. Der relationale Charakter der zeitlosen Gegenstände ist es, der die Objektivierungsformen der wirklichen Einzelwesen füreinander begründet. Sie weisen dem wirklichen Einzelwesen seinen Status in der realen Welt zu. Es ist irgendwo, weil es ein wirkliches Ding mit (s)einer entsprechenden Umwelt ist. Das ist die direkte Leugnung der kartesischen Lehre des Dinges an sich: „... ein Ding das so existiert, dass es keines weiteren bedarf".

Wir unterscheiden im Wesentlichen vier konstitutive Phasen für ein wirkliches Einzelwesen: Das Datum, den Prozess, die Erfüllung und die Entscheidung. Die beiden Endphasen haben mit dem Werden im Sinne des Übergangs, von der abgeschlossenen Welt zu einem neuen wirklichen Einzelwesen zu tun, mit Bezug auf welche diese Abgeschlossenheit definiert ist. Aber eine solche Abgrenzung muss als ein Element in dem betroffenen wirklichen Einzelwesen vorgefunden werden. Die Abgeschlossenheit die ein wirkliches Einzelwesen vorfindet ist sein Datum. Das Datum ist der objektive Inhalt der Erfahrung.

Es muss als begrenzte Perspektive einer abgeschlossenen Welt aufgefasst werden, für welche die betreffenden zeitlosen Gegenstände sorgen. Dieses Datum wird von der abgeschlossenen Welt entschieden. Die Entscheidung die für das Datum sorgt, ist eine Verlagerung des sich selbst begrenzenden Strebens. Die abgeschlossene Welt stellt die reale Potenzialität so bereit, dass ihre vielen Wirklichkeiten als vereinbar empfunden werden.

Die abschließende Phase: Die Entscheidung beruht darauf, wie das wirkliche Einzelwesen seine individuelle Erfüllung erreicht hat und dadurch eine gewisse Bedingung für den Vollzug der Zukunft, jenseits seiner selbst hinzufügt. Der Konkretisierungsprozess ist seine eigene Grundlage für die Entscheidung. Das

Datum ist unbestimmt, was die endgültige Erfüllung angeht. Der Prozess fügt die Elemente des Empfindens hinzu, durch welche die Unbestimmtheiten in bestimmte Verknüpfungen aufgelöst werden, welche die Einheit eines individuellen wirklichen Einzelwesens herstellen.

Der Prozess ist die Phase, in der die schöpferische Idee in Richtung auf die Abgrenzung und Erreichung einer bestimmten Individualität zielt. Die zunehmende Abgrenzung dieses abschließenden Ziels, durch die sich vollziehenden Relationen, ist die wirksame Bedingung für sein erreichen. Nach dieser Darstellung kommt der Übergang von einem wirklichen Einzelwesen zum anderen in der Wirkverursachung zum Ausdruck und die Zweckverursachung drückt den inneren Prozess aus, durch welchen das wirkliche Einzelwesen es selbst wird.

Zu unterscheiden sind wiederum das Werden des Datums, das in der Vergangenheit der Welt zu finden ist und das Werden des unmittelbaren Selbst aus dem Datum heraus. Dieses letzte Werden ist der unmittelbare wirkliche Prozess. Ein wirkliches Einzelwesen ist zugleich das Produkt der wirkenden Vergangenheit und die Causa sui. Daher ist die primäre Phase in der Konkretisierung eines wirklichen Einzelwesens die Weise, in der das frühere Universum in die Beschaffenheit des jeweiligen Einzelwesens eingeht, um die Grundlage seiner eigenen Individualität zu bilden.

Man kann die Wahrheit auch umdrehen, in dem man sagt, dass die Relevanz seines eigenen Status in der wirklichen Welt für andere wirkliche Einzelwesen, das anfängliche Datum im Prozess der Konkretisierung ist. Wenn man diese Interpretation des Datums hervorheben möchte, wird der Ausdruck objektiver Inhalt synonym für den Terminus Datum verwendet. Die primäre Eigenschaft des Prozesses besteht darin, dass er für die wirklichen Einzelwesen individuell ist. Er drückt aus wie das Datum das die wirkliche Welt enthält, ein Bestandteil in dem jeweiligen wirklichen Einzelwesen wird.

Die für die Erklärung verfügbaren Elemente sind ganz einfach der objektive Inhalt und die selektive Konkretisierung von Empfindungen, durch welche das wirkliche Einzelwesen es selbst wird. Es muss daran erinnert werden, dass der objektive Inhalt eines wirklichen Einzelwesens mit begrenzenden Perspektiven analysierbar ist, die sich aus ihrer eigenen Natur ergeben. Diese begrenzenden Perspektiven umfassen zeitlose Gegenstände mit verschiedenen Graden der Relevanz. Für jeden Konkretisierungsprozess wird also ein *regionaler Standpunkt* in der Welt angenommen, der die begrenzte Potenzialität für Objektivierungen definiert.

Objektivierung bringt Eliminierung mit sich. Die gegenwärtige Tatsache hat die vergangene nicht in vollständiger Unmittelbarkeit bei sich. Den objektivierten Ereignissen ist die Einheit eines Datums für die kreative Konkretisierung gemeinsam. Indem sie aber dieses Maß an Zusammenhang erreichen, eliminieren die ihnen inhärenten Voraussetzungen bestimmte Elemente aus ihren Beschaffenheiten und lassen andere Elemente relevant werden. Daher ist Objektivierung ein Vorgang mit wechselseitig abgestimmter Abstraktion und Eliminierung, durch welchen die vielen Ereignisse der wirklichen Welt zu einem komplexen Datum werden. Die Tatsache dieser Eliminierung und Synthese bezeichnet die *Perspektive* der wirklichen Welt vom *Standpunkt* der Konkretisierung aus betrachtet. Jedes wirkliche Ereignis grenzt seine eigene wirkliche Welt ab aus der es hervorgeht.

5.5 Die Theorie der Wahrnehmung

5.5.1 Das Empfinden

Wirkliche Einzelwesen oder Ereignisse – vom evidentesten bis hin zum entferntesten Hauch von Sein, stehen trotz des graduellen Unterschiedes, dank des *Prinzips* welches in der Wirklichkeit zum Ausdruck kommt, alle auf derselben Stufe. Jede Realität ist für und durch das Empfinden da. Sie fördert das Empfinden und sie wird empfunden. Die organistische Philosophie spricht der ganzen wirklichen Welt *Empfindungen* zu. Ein wirkliches Einzelwesen ist ein *Erfahrungsakt*. Ein Geschöpf zu sein ist eine Weise des Prozesses die Welt zu empfinden und sie in der Einheit eines komplexen Empfindens unterzubringen, die in jeder Hinsicht bestimmt ist.

Die wirkliche Welt zu der wir selbst gehören ist unser Datum. Diese Welt eröffnet sich der Beobachtung in Gestalt des Inhaltes als unmittelbare Erfahrung. Daher ist die Aufhellung dieser Erfahrung und die analytische Beobachtung der Bestandteile dieser Erfahrung, die einzige Rechtfertigung und Ausgangspunkt der eigenen Daseinsanalyse. Nur gibt es eben keine eigenständigen Tatsachen die man verstehen könnte ohne sie als Elemente eines Systems zu formulieren. Immer wenn wir versuchen den Gegenstand der unmittelbaren Erfahrung zu beschreiben, stellen wir fest, dass uns sein Verständnis über ihn hinausführt, zu seinen Zeitgenossen, zu seiner Geschichte, hin zu den Universalien mittels derer die Individualität und Abgegrenztheit umfasst und erfasst wird. Aber diese Universalien verkörpern durch ihre Potenzialität gerade andere Tatsachen mit abweichenden Typen der Abgegrenztheit. Daher setzt das Verständnis der unmittelbaren Tatsachen auch ihre metaphysische Interpretation voraus, die in einer systematischen Beziehung zu ihnen steht. Es gibt in der realen Welt nichts was lediglich eine ganz inerte Tatsache wäre.

Empfinden ist die Aneignung einiger Elemente des Universums, die so Bestandteile der realen inneren Beschaffenheit eines Subjekts werden. Diese Elemente sind die anfänglichen Daten. Sie sind das was das Empfinden empfindet. Aber sie werden mit Abstraktion empfunden. Die Abgegrenztheit des objektiven Datums bestimmt was die Ursache ist, aus denen sich die Abgegrenztheit der subjektiven Form ergibt, das zur Wirkung gehört. Der Prozess des Empfindens schließt darüber hinaus auch negativ erfasste Informationen ein, die eine Eliminierung bewirken. Daher werden die anfänglichen Daten unter einer *Perspektive* empfunden, welche das objektive Datum des Empfindens verkörpert. Vermöge dieser Eliminierung und Synthese sind die Bestandteile des komplexen objektiven Datums zu *Objekten* geworden, die in die Beschaffenheit des Subjekts des Empfindens eingreifen. Das Empfinden ist die Instanz, mithilfe derer andere Dinge in die Beschaffenheit eines Subjektes eingebaut werden, das sich im Prozess der Konkretisierung befindet.

5.5.2 Physische, begriffliche und umgewandelte Empfindungen

Wir unterscheiden im Wesentlichen das einfache physische Empfinden, die begrifflichen Empfindungen und die umgewandelten Empfindungen. Beim ersten besteht das anfängliche Datum nur aus einem wirklichen Einzelwesen, beim zweiten ist das objektive Datum ein zeitloser Gegenstand und beim dritten ein Nexus von wirklichen Einzelwesen. Das Empfinden ist ein Bestandteil in der Konkretisierung eines wirklichen Einzelwesens. Der Konkretisierungsprozess ist eine fortschreitende Integration von Empfindungen, die durch ihre subjektiven Formen bestimmt werden.

Dieser Prozess ist jedoch hinsichtlich seiner Daten immer neu, denn seine subjektive Form ist nicht vollständig durch diese festgelegt, auch wenn sie sich immer reproduktiv auf diese Daten beziehen muss. In der Synthese versinken Empfindungen einer früheren Phase, in die Bestandteile eines komplexeren Empfindens aus einer späteren Phase. Daher steuert jede Phase ihr Element des Neuen bei. Das wirkliche Einzelwesen beendet sein Werden in der abschließenden Einheit eines komplexen Empfindens: Der Erfüllung.

Eine Vielheit von einfachen physischen Empfindungen die in die Einheit einer Phase eingehen, begründen die erste Phase in der Konkretisierung des wirklichen Einzelwesens, welches das *gemeinsame Subjekt* all dieser Empfindungen ist. Die Begrenzungen vermöge derer die empfundenen wirklichen Einzelwesen jeweils auf die Perspektive einer ihrer eigenen Empfindungen reduziert werden, werden durch die Bedingung der subjektiven Einheit auferlegt, die eine harmonische Vereinbarkeit in den Empfindungen jeder Phase verlangt. Einfache physische Empfindungen verkörpern den reproduktiven Charakter der Natur, sowie die objektive Unsterblichkeit der Vergangenheit.

Das neue wirkliche Einzelwesen ist als Wirkung, die Reproduktion der vielen wirklichen Einzelwesen aus der Vergangenheit. Aber in dieser Reproduktion findet eine Abstraktion von den vielen Potenzialitäten des Empfindens statt. Diese abstrakte Objektivierung wird ermöglicht durch die Teilbarkeit, die eine Übermittelung eines Empfindens und nicht nur der ganzen Erfüllung erlaubt. Der Odem des Empfindens hat eine neue individuelle Tatsache kreiert, die nicht vollständig auf die Daten zurückgeführt werden kann. Das relevante Empfinden ist hinsichtlich seiner Einbeziehung oder Ausschlüsse der subjektiven Form nicht durch die Daten entschieden. Im Konkretisierungsprozess vollzieht sich die Eliminierung dieser Unbestimmtheiten in den subjektiven Formen.

Die Konkretisierung der anfänglichen Daten zum objektiven Datum wird durch Eliminierung, Synthese und Integration ermöglicht und durch die subjektive Form bewirkt und gefördert. Die subjektive Form erhält ihre Bestimmung von den negativ erfassten Informationen, dem objektiven Datum und den begrifflichen Strebungen des Subjekts. Die wechselseitige Bestimmung der im Empfinden enthaltenden Elemente ist Ausdruck dessen, dass das Subjekt des Empfindens Causa sui ist. Der Prozess des Empfindens absorbiert die vielen Daten in die Einheit der individuellen Erfüllung.

Jedes wirkliche Einzelwesen wird als ein *Erfahrungsakt* interpretiert, das aus Daten hervorgeht. Die Daten bilden die *Potenziale* für das Empfinden, das heißt, sie sind die Objekte und der Prozess die *Eliminierung* der Unbestimmtheit des Empfindens in der Einheit einer subjektiven Erfahrung. Empfindungen sind komplexe ineinandergreifende *Erfahrungströpfchen*. Sie sind die wirklichen

Einzelwesen die vereinbar oder unvereinbar sind. Empfinden als eine allgemeine Operation des Übergehens von der Objektivität der Daten zu der *Subjektivität* des Empfindens. Empfindungen verdrängen den neutralen Stoff gewisser realistischer Philosophen. Ein Empfinden lässt die positive Einwirkung auf die reale innere Beschaffenheit des Subjekts endgültig zu. Von einem wirklichen Einzelwesen das empfunden wird gilt, dass es sich für dieses Subjekt *objektiviert*.

Das Empfinden ist eine Episode in der Selbsterschaffung und bezieht sich auf das Ziel der subjektiven Einheit, eine gewisse abgegrenzte Einheit und Individualität zu erzielen. Jedes Erfassen setzt sich aus wenigstens drei Faktoren zusammen: Das erfassende Subjekt, das heißt dem wirklichen Einzelwesen in dem dieses Erfassen ein konkretes Element ist, dem erfassten Datum und der subjektiven Form, die darauf beruht, wie dieses Subjekt das Datum erfasst. Die so erzielte Einheit bildet einen *Kontrast*. Daraus ergibt sich gewissermaßen eine endlose Zahl von Kategorien der Existenz, da die Synthese von Einzelwesen zu einem Kontrast im Allgemeinen einen *neuen Typ* der Existenz hervorbringt.

Im Empfinden ist die wirkliche Welt, die selektiv angeeignet wird das vorausgesetzte Datum. Die subjektive Form ist das Eintreten einer neuen Form, die speziell auf die neue Tatsache zugeschnitten ist und ihre besondere Weise der Verschmelzung mit dem objektiven Datum hat. Die subjektive Form in Abstraktion vom Empfinden, ist nichts anderes als ein *komplexer zeitloser Gegenstand*. Im Werden trifft er auf die Daten die aus der wirklichen Welt selektiert wurden. Der zeitlose Gegenstand wirkt in seiner Rolle zwischen den anfänglichen Daten und dem sich konkretisierenden Subjekt relational, obgleich die subjektive Form nicht absolut von dem Muster des objektiven Datums getrennt werden kann. Die intellektuelle Unterscheidung entspricht nicht einer realen Trennung. Es liegt eine gewisse Willkür darin, einen Bestandteil aus dem Datum und einen aus der subjektiven Form vorzunehmen und sie auf der Grundlage der Kongruenz zu betrachten, als bildeten sie ein untergeordnetes Erfassen.

Durch Empfindungen findet das Universum zu seiner *Vereinigung*. Das Universum ist immer *eins*, da es nicht anders überblickt werden kann als durch ein wirkliches Einzelwesen, das es in der objektiven Einheit eines Musters vereinigt. Durch diese Einheit wird somit jeweils auch der Typ, daher die Kategorie der Existenz vorgegeben. Die Relevanz ergibt sich dabei aus der Vereinigung des objektiven Datums der anfänglichen Phase und der subjektiven Phase. Durch fortwährende Konkretisierungen wird es jedoch immer wieder erneuert. Die in seinem Wesen liegende Neuheit des Empfindens geht einher mit seiner subjektiven Form, die das unmittelbare Neue ist, das darin besteht, wie dieses Subjekt jenes Datum empfindet. Man kann diese subjektive Form jedoch nicht von der Neuheit der Konkretisierung abziehen. Sie ist eingebettet in der unmittelbaren Gegenwart.

Das Empfinden lässt sich dennoch bis zu einem gewissen gerade genetisch beschreiben, in welchen die vielen anfänglichen Daten zu einem komplexen objektiven Datum vereinigt werden. In diesem Prozess bildet sich die subjektive Form heraus und bereichert das Empfinden um seine eigene Geschichte, die sich darin niederschlägt, wie das Empfinden empfindet. Es trägt die Male seiner Geburt, lässt den Zweck erkennen der es vorwärtstreibt und die Hindernisse die es überwand. Das Empfinden ist vermöge seines Subjekts ein *Ding*. Es ist ein Aspekt seines eigenen Subjekts. Doch der Terminus *Superjekt* wäre besser, welcher das Ziel des Prozesses leitet, der die Empfindungen hervorbringt. Denn die Empfindungen sind untrennbar mit dem Ziel verknüpft auf das sie sich richten und dieses Ziel ist der Empfindende als Zweckursache.

Die Vereinbarkeiten und Unvereinbarkeiten aus denen sich die Perspektive ergibt, welche die wirkliche Welt in das Datum umwandeln, sind eine Selektion von zeitlosen Gegenständen, durch welche das was ein äußeres Datum ist, in eine vollständige Bestimmung als eine innere Tatsache transformiert wird. Das von der Konkretisierung zu lösende Problem besteht also darin, wie die vielen Bestandteile des objektiven Inhalts in nur einen empfundenen Inhalt, mit seiner komplexen subjektiven Form zu vereinigen sind.

Dieser eine empfundene Inhalt ist die Erfüllung, durch welche das wirkliche Einzelwesen sein individuelles Selbst ist. Mit der Konzeption des wirklichen Einzelwesens in seiner Erfüllungsphase, hat das Einzelwesen seine Absonderung von anderen Dingen erreicht. Es hat das Datum absorbiert, hat sich aber in seinem Umschwung noch nicht an die Entscheidung verloren, durch welche es ein Element in den Daten anderer Einzelwesen wird.

Daher ist Prozess die Zulassung zeitloser Gegenstände in ihrer neuen Rolle, das Datum mit der Individualität des Subjekts zu versehen. Das Datum umfasst als bloßes Datum die vielen Individualitäten der wirklichen Welt. Die Erfüllung enthält die vielen Individualitäten als untergeordnete Beiträge zu der eigenen Individualität. Der Prozess lässt zeitlose Gegenstände zu, die durch ihre Absorption in die subjektiven Formen der vielen Empfindungen, diese Integrationen bewirken oder weist sie zurück. Die Folgereaktionen sind die subjektiven Formen der Empfindungen, welche in den Phasen des Prozesses zur Abgegrenztheit verfeinert werden.

Daher werden alle Unbestimmtheiten hinsichtlich der Potenzialitäten des Universums endgültig entschieden, was die Erfüllung des jeweiligen Subjekts anbetrifft. Zwar kann so der Prozess genetisch in eine Reihe von untergeordneten Phasen analysiert werden, die jeweils ihre Vorgänger voraussetzen, doch weder die vermittelnden Phasen noch das Datum, welche von allen die primäre Phase ist, bestimmen jedoch die abschließende Phase der endgültigen Individualisierung.

Daher ist ein wirkliches Einzelwesen in seiner subjektiven Phase nichts anderes als das, was das Universum einschließlich seiner eigenen Reaktion für es ist: Ein fortwährend kreativer Entwurf auf das eigenste *Seinkönnen*.

Unmittelbarkeit entfaltet ihre Bedeutung vornehmlich mit Bezug auf Empfindungen. Den zeitlosen Gegenständen fehlt es an dieser Unmittelbarkeit. Doch der Prozess ist das dahineilen von Empfindungen, wodurch die subjektive Unmittelbarkeit wieder zugewinnt. Auf diese Weise siegt die subjektive Form über die Wiederholung und wandelt sie in die unmittelbar empfundene Erfüllung um. Objektivität wird in *Subjektivität* umgewandelt oder absorbiert und fließt als solche mit dem Datum der objektiven Form, wieder in die subjektive Erfüllung anderer wirklicher Einzelwesen zurück. Doch auch bei diesem kreativen Fortschreiten wird der *Nexus* der wirklichen Welt nicht eigentlich zerstört. Er wird nur durch die neuen Bindungen des Empfindens an die neuen Wirklichkeiten, die ihn transzendieren, reproduziert und erweitert. Aber diese Bindungen weisen auch einen Vektorcharakter auf, der auf eine Verlagerung hindeutet. Es gibt nichts Statisches in der Welt. Daher ist die wirkliche Welt aufgrund des Übergangs immer nur ein *relativer Terminus* und bezieht sich auf eine Basis von vorausgesetzten wirklichen Ereignissen.

Ein wirkliches Einzelwesen ist analysierbar. Die Analyse bringt Operationen hervor, welche individuell gegensätzlich sein können und doch in Komponenten eines Komplexes transformieren, der konkret einer ist. Der Terminus *Empfinden* wurde als allgemeine Beschreibung solcher Operationen verwendet. Wir sagen daher, dass ein wirkliches Ereignis eine Konkretisierung ist, welche durch einen Prozess des Empfindens bewirkt wird. Der Integrationsprozess dauert an bis die konkrete Einheit des Empfindens erreicht ist. Die vielen wirklichen Einzelwesen einschließlich jener der im Konkretisierungsprozess selbst entstandenen, finden ihre jeweiligen Rollen in dieser abschließenden Einheit der Erfüllung. Ein wirkliches Ereignis ist also nichts anderes als die *Einheit*, die man einem besonderen Fall von Konkretisierung zu zuschreiben hat. Diese Konkretisierung ist daher die reale innere Beschaffenheit des betreffenden Einzelwesens.

Die Analyse der formalen Beschaffenheit eines wirkliches Einzelwesens durchläuft im Prozess des Empfindens drei Phasen: Die reaktive Phase, die ergänzende Phase und die Erfüllung. Die Erfüllung ist lediglich der Höhepunkt, der das Verschwinden aller Unbestimmtheit markiert, sodass das wirkliche Einzelwesen hinsichtlich aller Weisen des Empfindens und aller anderen wirklichen Einzelwesen, eine bestimmte *Ja* oder *Nein* Haltung verkörpert. Daher ist die Erfüllung auch das terminieren in die finale Entscheidung, also das Erreichen des privaten Ideals, das die Zweckursache als subjektives Ziel der Konkretisierung bildet. Die reaktive Phase ist jene der reinen Rezeption der wirklichen Welt, in ihrer Gestalt als objektives Datum.

In dieser Phase wird die wirkliche Welt lediglich als eine Vielheit privater Empfindungszentren rezipiert, die in einen Nexus wechselseitiger Voraussetzungen einbezogen sind. Die Empfindungen werden als zu äußeren Zentren zugehörig empfunden. Die ergänzende Phase wird beherrscht vom privaten Ideal, das im Prozess selbst kontinuierlich Gestalt annimmt, wodurch die vielen Empfindungen eine konkrete Einheit annehmen, die als unmittelbar privat empfunden wird. Dieser Zutritt ist der des begrifflichen Strebens.

Doch gibt es wiederum kein Element im Universum das reiner Privatheit fähig wäre. Ein wirkliches Einzelwesen geht aus der Öffentlichkeit hervor die es vorfindet und fügt sich selbst der Öffentlichkeit hinzu die es überträgt. Ein wirkliches Einzelwesen mit Bezug auf die Privatheit der Dinge gesehen ist ein Subjekt. Es ist ein Moment in der Genese des Selbsterlebens. Es besteht in einer zweckgerichteten Selbsterschaffung aus Materialien, die vermöge ihrer Öffentlichkeit zur Verfügung stehen. Zeitlose Gegenstände haben denselben Bezug. Betrachtet man sie hinsichtlich ihrer Öffentlichkeit, so handelt es sich um eine Universalie. Sie beziehen sich auf allgemeine öffentliche Tatsachen der Welt, ohne etwas im Geringsten über ihre empirischen Einzelheiten und eigenen Implikationen preiszugeben. Ein zeitloser Gegenstand ist in Bezug auf die Privatheit der Dinge betrachtet eine *Qualität*, ein Charakteristikum. Er begründet in irgendeiner Wirklichkeit exemplifiziert ein Element in der privaten Begrenztheit dieser Wirklichkeit, wohingegen seine Bezüge öffentlich sind, aber hingegen privat erlebt werden. Es gibt somit keine Tatsachen die nur öffentlich oder privat erlebt werden. Diese Unterscheidung ist nur eine notwendige des Denkens und nicht eine von sich wechselseitig ausschließender Tatsachen.

Die letztlich einzigen konkreten Tatsachen mit deren Hilfe Wirklichkeiten somit analysiert werden können, sind erfasste Informationen und jedes Erfassen hat eine öffentliche und eine private Seite. Seine öffentliche Seite wird begründet durch das erfasste komplexe Datum, seine private Seite verdankt sich der subjektiven Form, durch welche dem öffentlichen Datum eine private Qualität auferlegt wird.

Die Tatsachen der Natur sind *Wirklichkeiten* und die Tatsachen in welche Wirklichkeiten teilbar sind, sind ihre erfassten *Informationen*, mit ihren öffentlichen Ursprüngen und privaten subjektiven Zielen. Jedes Einzelwesen ist auf unbegrenzt viele Arten teilbar, welches jeweils eine bestimmte Quote von Informationen freilegt. Wirklichkeiten sind Momente des Übergangs in eine neue Stufe der Öffentlichkeit und die Koordination von erfassten Informationen drückt diese Öffentlichkeit der vielen als *eine Welt* aus.

5.6 Ordnung und Ordnungsschemata

5.6.1 Der Nexus

Der Charakter eines wirklichen Einzelwesens wird letzten Endes von seinem Datum beherrscht. Was immer die Freiheit des Empfindens die in der Konkretisierung entsteht sein mag, die im Datum angelegten Kapazitätsgrenzen können nicht überschritten werden. Das Datum begrenzt und ergänzt zugleich. Jedes Einzelwesen geht von einer primären Phase der Konkretisierung aus Objektivierungen hervor, die in gewisser Hinsicht abgeschlossen sind. Die Grundlage seiner Erfahrung ist gegeben.

Ordnung ist ein Synonym für *Gegebensein*, bedeutet hingegen auch mehr. Jedes wirkliche Einzelwesen braucht ein Totalität des Gegebenseins und erreicht somit immer ein Maß an Ordnung. Ordnung ist jedoch bloß ein allgemeiner Terminus. Es kann immer nur *abgegrenzte* spezifische Ordnung geben. Der Terminus Ordnung bezieht sich offenbar auf die Beziehungen zwischen den vielen wirklichen Einzelwesen, durch die sie eine Gesellschaft bilden. Ein Ereignis ist ein *Nexus* von wirklichen Einzelwesen, die auf eine bestimmte Art und Weise aufeinander bezogen sind. Ein Nexus verkörpert in diesem *Bezogensein* eine Ordnung, das heißt, es gibt wenigstens ein gemeinsames Formelement, das in der Abgegrenztheit jedes der einbezogenen wirklichen Einzelwesen zum Ausdruck kommt. Ein Nexus ist also eine Menge von wirklichen Einzelwesen, welcher in der Einheit dieses Bezogenseins durch die wechselseitig erfassten Informationen voneinander begründet wird.

Eine Relation zwischen Ereignissen ist ein zeitloser Gegenstand, der in dem Komplex von wechselseitig erfassten Informationen veranschaulicht wird, durch den diese Ereignisse einen Nexus bilden. Dieser Nexus von wirklichen Einzelwesen als Gesellschaft trägt sich selbst. Er bildet seine eigene Grundlage. Die Ähnlichkeit besteht in der Tatsache, dass ein gewisses Formelement enthalten ist, das zur individuellen Erfüllung jedes Elements der Gesellschaft beiträgt und dass der Beitrag, den dieses Element für jedes einzelne Element der Gesellschaft für das Erfassen durch andere Elemente leistet, seine entsprechenden Reproduktionen in den Erfüllungen der anderen Elemente fördert.

Daher ist eine Gesellschaft vermöge ihres abgrenzenden Charakteristikums gekennzeichnet. Da es keine isolierten Gesellschaften geben kann, muss also letztlich jede Gesellschaft vor dem Hintergrund einer weiteren Umgebung von wirklichen Einzelwesen aus betrachtet werden. Denn natürlich besitzen auch die entferntesten Wirklichkeiten des Hintergrundes ihre eigenen spezifischen Charakteristika, aber diese können für die relevante Gesellschaft durch Hemmungen und Schwächungen, welche auf Missklang, also Unordnung beruhen, als vernachlässigbar betrachtet werden. Die Gesellschaft wirkt nur durch ihre einzelnen Elemente. Daher können die Elemente in einer Gesellschaft nur aufgrund der Gesetze existieren, welche die Gesellschaft beherrschen und jene Gesetze kommen nur wegen der ähnlichen Eigenschaften der Elemente in der Gesellschaft auf. Es wird aber keineswegs eine vollkommene ideale Ordnung erreicht, durch welche die unbegrenzte Dauer einer Gesellschaft gesichert würde.

Eine Gesellschaft geht in der Regel aus Unordnung hervor, wobei Unordnung mit Rücksicht auf das Ideal für diese Gesellschaft definiert wird. Doch selbst der günstigste Hintergrund zerfällt oder hört auf die Fortdauer der Gesellschaft über eine bestimmte Wachstumsstufe hinaus zu fördern. Die Gesellschaft reproduziert ihre Elemente dann nicht mehr und nach einer Phase des Niedergangs verschwindet sie schließlich gänzlich. Daher gelangt allmählich immer ein System von Gesetzen, dass die Reproduktion zu irgendeiner Zeit, in irgendeinem Teil des Universums bestimmt, nach und nach zur Vorherrschaft. Es durchläuft eine Phase der Dauer und verschwindet mit dem Zerfall der Gesellschaft aus der es hervorgeht. Streng genommen sind *Gesetze* nur abstraktere Gemeinschaften von wirklichen Einzelwesen. Die physische Welt offenbart eine erstaunliche Komplexität solcher Gesellschaften die einander begünstigen und miteinander konkurrieren. In der Tat scheint sich die These der organistischen Philosophie zu bestätigen, dass sich Naturgesetze immer mit den Gesellschaften entwickeln, die eine Epoche oder gegenwärtige Phase begründen.

Grundlage der Beschaffenheit jedes wirklichen Ereignisses ist die Umgebung aus der es entspringt. Jedes wirkliche Ereignis das zu einer bestimmten Gattung gehört, verlangt somit eine Umgebung, welche der Gattung angepasst ist, sodass die Voraussetzung einer Gattung, die einer Umgebung mit einschließt. Aus dieser Lehre folgt, dass der Charakter eines Organismus auf dem seiner Umgebung beruht. Aber der Charakter einer Umgebung ist die Summe der Wesensmerkmale der verschiedenen Gesellschaften, als Nexus von wirklichen Einzelwesen, die diese Umgebung gemeinsam verwirklichen.

Daher kann ein Ereignis nie losgelöst von seiner Umwelt und seinem relationalen Verbund aus betrachtet werden. Die vorherrschenden Ordnungselemente und Strukturen dieser Welt rechtfertigen die Überzeugung, dass reines Chaos zutiefst unmöglich ist. Am anderen Ende der Skala widerlegt die Unermesslichkeit der Welt den Glauben, dass irgendein Zustand der Ordnung so eingerichtet werden kann, dass darüber hinaus kein Fortschritt mehr möglich wäre. Wenn es Fortschritt jenseits dieser begrenzten Ideale geben soll, muss der Geschichtsverlauf bei der Einsetzung niedriger durch höhere Ordnungstypen, an die Grenzen des Chaos am Wege des Ausbruchs rühren.

Chaos ist kein Übel sondern unspezifizierte Form. Harmonie hingegen die Verbindung von Enge und Weite, des Teils und des Ganzen. Sie erzeugt massive Einfachheit. Stabilität ist die Entschädigung für diese Enge; die Beherrschung der Umgebung durch wenige Gruppen, Gesellschaften und deren Merkmale. Was unsere Erkenntnis per se angeht, gibt es jedoch keinen Grund eine gänzlich geordnete oder chaotische Welt anzunehmen.

Jedes wirkliche Einzelwesen ist seiner Natur nach sozial. Erstens sind die Umrisse seines eigenen Charakters durch die Daten bestimmt, die seine Umgebung für seinen Empfindungsprozess bereitstellt und zweitens sind diese Daten dem Einzelwesen nicht äußerlich. Sie begründen die dem Einzelwesen inhärente Entfaltung des Selbst und Universums. Daher sind die Daten über welche das Subjekt ein Urteil fällt, selbst Bestandteile, die den Charakter des urteilenden Subjektes bedingen. Es folgt das jede Voraussetzung für den Charakter des erfahrenden Subjekts, auch eine allgemeine Voraussetzung hinsichtlich der sozialen Umgebung impliziert, die für die Entfaltung des Subjektes sorgt.

Werten ist ein Zielen auf Ordnung und Ordnung bedeutet Wirklichkeiten mit musterförmiger Intensität, wie sie sich in abgestimmten Kontrasten ergeben. Jenseits dieser Gesellschaften herrscht Unordnung, wobei Unordnung ein relativer Terminus ist. Er bezieht sich vielmehr auf einen Mangel an Bedeutung, der den abgrenzenden Charakteristika der jeweiligen Gesellschaften über ihre eigenen Grenzen hinaus zu attestieren ist. Wenn jene Gesellschaften verfallen wird dies nicht bedeuten, dass ihre abgrenzenden Charakteristika aufhören zu existieren, sondern dass sie für die betroffenen wirklichen Einzelwesen jegliche Bedeutung verlieren.

Der Terminus Unordnung bezieht sich auf eine Gesellschaft die nur teilweise ihre Charakteristika in Form allgemeiner Gesetze durchsetzt. Ordnung ist ein soziales Produkt und der am besten organisierte Nexus, ist die Kultur des menschlichen Daseins. Mit dem Fehlen jeglichen Musters kann es also offensichtlich auch einen Zustand geben, in dem keine vorherrschenden Gesellschaften da sind, die irgendeine angemessene Wirkungseinheit und Wirklichkeit garantieren. Dies ist ein Zustand chaotischer Unordnung und bedeutet das Fehlen einer dominierenden Abgrenzung und vereinbarer Kontraste, in den erreichten und zu erreichenden Erfüllungen und somit Schwächung der Intensität.

Wenn in einem Nexus ein Kontrast zwischen Universalien besteht, so ist er in einem wirklichen Einzelwesen realisiert und lokalisiert, welches die stehende Bedingung für jede wirkliche Welt ist, aus der das kreative Fortschreiten hervorgehen muss. Einige der in einer strukturierten Gesellschaft enthaltenen Gruppen von Ereignissen können als untergeordnete Gesellschaften bezeichnet werden. Aber ein dauerhaftes Einzelwesen kann auch in einigen Fällen die dominierenden Merkmale seines abgrenzenden Charakteristikums eingebüßt oder zum Teil verloren haben. Mit anderen Worten, die analoge Art von dauerhaften

Einzelwesen bezüglich seines abgrenzenden Charakteristikums, ist nicht ganz identisch mit der strukturierten Gesellschaft.

Wenn man aber von solchen zusätzlichen Einzelheiten abstrahiert, kann der dauerhafte Gegenstand mit diesem Charakteristikum als unabhängig von der strukturierten Gesellschaft aufgefasst werden. Zum Beispiel sprechen wir von einem Molekül innerhalb einer lebenden Zelle, weil seine allgemeinen molekularen Merkmale von der der Zelle unabhängig sind. Aufgrund der Flexibilität des strukturellen Musters, kann sich die Gesellschaft ein spezielles Muster zu eigen machen, das den Umständen des Augenblicks angepasst ist. Daher sind in gewissem Sinne unspezialisierte Gesellschaften solche, welche kein vollwertiges strukturales Muster besitzen, den Überlebensbedingungen für ihre Elemente, aufgrund dieser Flexibilität besser angepasst. Wohingegen spezielle Gesellschaften eine Begünstigung der Intensität, bei der Erfüllung ihrer Elemente auf Kosten der Überlebensfähigkeit bieten. Die Natur muss also komplexe Gesellschaften hervorbringen, die zum einen strukturiert wie flexibel sind, also Intensität und Überleben miteinander in Einklang stellen. Man könnte in gewisser Weise sagen, dass der *Geist* die Antwort auf diese Frage ist.

Für Whitehead liegt das Wesen der Induktion somit nicht in der Ableitung allgemeiner Gesetze, sondern vielmehr im Erahnen einiger Merkmale einer besonderen Zukunft, aufgrund bekannter Merkmale einer bekannten Vergangenheit. Die weiter reichende Aufstellung noch allgemeinerer Gesetze, die für alle erkennbaren Ereignisse gelten, erscheint daher als ein sehr unsicherer Zusatz zu dieser eingeschränkten Erkenntnis. Sofern wir also die Existenz irgendeines sich durchhaltenden Typs von wirklichen Einzelwesen unterstellen, machen wir daher bereits auch Annahmen über Typen von Gesellschaften, die Teile seiner Umgebung bilden.

Die Verstärkung des geistigen Pols in der Erfahrung erlaubt dabei das Herausholen einer durchschnittlichen Objektivierung, aufgrund des hohen Abstraktionsgrades, welche einzelne Unterschiede zwischen verschiedenen Elementen unberücksichtigt und sie mit einer angemessenen Gleichförmigkeit überfluten lässt. Eine andere Art zu fragen wäre, da jede Voraussage einen bestimmten Typ von wirklichen Einzelwesen voraussetzt: Unter welchen Bedingungen befinden sich diese wirklichen Einzelwesen?

Der Grund warum eine Antwort gegeben werden kann, liegt darin, dass der vorausgesetzte Typ von wirklichen Einzelwesen einen vorausgesetzten Typ von Daten verlangt und dass ein vorausgesetzter Typ von Daten nur in einer bestimmten sozialen Umgebung möglich ist. Wenn wir also einen gewissen Typ von wirklichen Einzelwesen vorausgesetzt haben, machen wir bereits gewisse Annahmen über die in der Umgebung herrschenden Naturgesetze. Diese Art symmetrischer Interpretation von Ordnung setzt sich immer mehr in den Naturwissenschaften durch. In jedem induktiven Urteil liegt daher eine Voraussetzung über die Stetigkeit der allgemeinen Ordnung, in der unmittelbaren Umgebung von wirklichen Ereignissen.

5.6.2 Das Leben als Katalysator von Ordnung

Dauer beruht auf einer Einrichtung, durch welche ein Ereignis in besonderer Weise auf eine einzige physische Abstammungslehre beschränkt wird. Dies führt zu der Lehre, dass das einzelne Ereignis lebendig ist, wenn seine Reaktionen in gewissem Maße durch keine Tradition rein physischer Vererbung erklärbar sind, daher, wenn sich eine neue Form der Abgegrenztheit vollzogen hat, die nicht in den ererbten Daten der primären Phase zu finden ist. Dieses Neue verändert die Werte im künstlerischen Sinne des Wortes, da Leben ein Prinzip und kein abgrenzendes Charakteristikum sein kann.

Es ist der Name für Originalität und nicht Tradition. Das Charakteristikum des Lebens ist eine Reaktion, die unter einer weiten Vielfalt von Umständen auf die Errungung von Intensität ausgerichtet ist. Aber die Reaktion wird im Wesentlichen von der Gegenwart, daher von seiner unmittelbaren Phase diktiert und nicht von seiner Vergangenheit. Es ist das Greifen nach lebhafter Unmittelbarkeit. Leben ist das fortwährende Sterben seiner Erblast.

Es ist das Kennzeichen eines hochgradigen Organismus die irrelevanten Zufälligkeiten seiner Umgebung zu unterdrücken und gleichzeitig jeder Abweichung von der systematischen Ordnung massive Aufmerksamkeit zu zuwenden. Aufgrund von Analogien unter seinen eigenen Elementen des Nexus und Eliminationen von Differenzen, unterdrückt der jeweilige Organismus die bloße Vielheit von Dingen und gestaltet seine eigenen Kontraste. Oft handelt es sich um konkurrierende Qualitäten, die darum kämpfen Objektivierungen zu bewirken. Die Tiefe der Erfahrung wird durch die Konzentration auf die strukturellen Systeme in der Umgebung und durch das Absehen von individuellen Abweichungen gewonnen.

Jedes Element systemischer Struktur wird hervorgehoben, jede individuelle Abweichung in den Hintergrund geschoben. Jedes Element eines Nexus leitet die Notwendigkeiten seines Seins, aus den erfassten Informationen von seiner komplexen sozialen Ordnung ab, um die individuelle Originalität mit der Sicherheit des materiellen Organismus zu verbinden, auf dem sie beruht. Auf diese Weise kehrt das Leben in die Gesellschaft zurück. Es bindet die Originalität innerhalb gewisser Grenzen und gewinnt die Festigkeit, die dem stets wiederholenden Charakter eigen ist. Obwohl also das Leben seinem Wesen nach die Steigerung der Intensität durch Freiheit ist, kann es sich doch der Kanalisation unterwerfen und dadurch die Festigkeit der Ordnung gewinnen. Leben ist also ein Übergang von physischer Ordnung zu rein geistiger und von rein geistiger Originalität zu kanalisierter geistiger Ordnung.

5.6.3 Das extensive Kontinuum

Eine Teilung ist ein allgemeiner Kontrast. Die Welt erweitert sich durch wiederkehrende Vereinigungen ihrer selbst. Doch muss das Prinzip um das der *extensiven Ordnung* ergänzt werden, das die Teilungen aller atomistischen Wirklichkeiten voneinander in einem Beziehungsschema an den Tag legt. Dieses Schema äußerer extensiver Beziehungen, in welchem die Welt als ein *Medium* für die Übertragung von Einflüssen wirkt, aufgrund dessen alternative Objektivierungen einer vorausgehenden Wirklichkeit, in die Beschaffenheit einer späteren aufgenommen werden, bildet die Grundlage der Beziehungen zwischen verschiedenen wirklichen Einzelwesen.

Entscheidend ist, dass sich jede Aussage auf ein Universum bezieht, das einen allgemeinen systematisch-metaphysischen Hintergrund oder Charakter erkennen lässt. Ohne diesen Hintergrund haben wir weder isolierte Einzelwesen welche die Aussage bilden, noch das Totalitär eines Ganzen.

Das extensive Kontinuum ist die formal strukturelle Ordnung, die der Welt als solcher Einheit verschafft. Ein extensives Kontinuum ist ein Komplex von Einzelwesen. Es umfasst die Eigenschaft unbegrenzter *Teilbarkeit* und bringt so die Solidarität *aller* möglichen Standpunkte durch den gemeinsamen Prozess zum Ausdruck. Das extensive Kontinuum ist jedoch keine der Welt vorausliegende Tatsache, es ist die erste Bestimmung von Ordnung, das heißt von realer Potenzialität.

Die physikalische Welt wird von einem allgemeinen Typ des Bezogenseins zusammengehalten. Alle Relationen zwischen wirklichen Einzelwesen entsprechen den Bestimmungen dieses Kontinuums. Die extensiven Relationen legen nicht fest was übertragen wird, sie bestimmen aber die Regeln die für alle Übertragungen gelten. Sie repräsentieren das systematische Schema das in der realen Potenzialität angelegt ist, aus der jedes wirkliche Ereignis hervorgeht. Das extensive Kontinuum bildet das allgemeine relationale Element in der Erfahrung, durch welche die erfahrenden wirklichen Einzelwesen und die Einheit der Erfahrung zu einer Solidarität, einer gemeinsam empfundenen Welt synthetisiert werden.

Es ist im Sinne Kants Form der Anschauung. Aber es ist von der wirklichen Welt abgeleitet und schafft sie daher nicht. In dem bloßen extensiven Kontinuum lässt sich kein Prinzip finden das bestimmen könnte, welche regionalen Quanten atomisiert werden, um den Standpunkt für die primären Daten zu bilden, aus denen die grundlegende Phase in der Konkretisierung eines wirklichen Einzelwesens aufgebaut ist und in dem die Anfangsphase des subjektiven Ziels begründet liegt.

Jedes wirkliche Einzelwesen ist so gesehen, in seinem Verhältnis zu anderen wirklichen Einzelwesen irgendwo in dem Kontinuum und geht aus den Daten hervor, den dieser Standpunkt mit sich bringt. Aber in einem anderen Sinne ist es wiederum überall, denn zu seiner Beschaffenheit gehören eben nicht nur die Objektivierungen der wirklichen Welt, sondern auch seine Potenzialität für alle anderen möglichen Standpunkte. Daher ist das Kontinuum in jedem wirklichen Einzelwesen gegenwärtig und jedes wirkliche Einzelwesen durchzieht das Kontinuum als ein mögliches Potenzial. Die Objektivierungen der gleichzeitigen Welt drücken somit diese Welt lediglich in Form ihrer *Möglichkeit* unterteilt zu werden aus, welche jede dieser Unterteilungen zu realer Effektivität bringt. Diese Schlussfolgerung kann auch anders dargestellt werden: Ausdehnung ist das Beziehungsschema aus dem sich die Fähigkeit ergibt, viele Objekte zu einer realen Einheit der Erfahrung zu verschweißen.

In der Tat scheint Verräumlichung der kürzeste und anschaulichste Weg zu einer klaren, einigermaßen verständlichen Philosophie zu sein. Erfahrung als ein objektives Schema extensiver Ordnung aufgrund der Tatsache, dass sein eigener perspektivischer Standpunkt extensiven Inhaltes ist und dass die anderen wirklichen Einzelwesen unter Beibehaltung ihrer Ausdehnungsbeziehungen objektiviert werden. Das extensive Kontinuum wird somit zum wichtigsten Faktor in der Objektivierung. Ein Schema realer Potenzialität das im wechselseitigen Erfassen aller wirklichen Einzelwesen exemplifiziert ist. Vermittels der Ausdehnung nehmen die Bindungen zwischen erfassten Informationen den Aspekt innerer Relationen an, die es erlauben die Solidarität der Welt, die eben auf dieser fundamentalen Innerlichkeit fußt zu beschreiben.

Wenn hingegen die individuelle Diskretheit ihr Gewicht haben soll, muss es einen Aspekt in den Beziehungen geben, aus denen diese als äußerlich gedacht werden können, das heißt als Bindungen zwischen geteilten Dingen. Das extensive Schema dient diesem zweifachen Zweck. Newtons Annahme von individuell existierenden physikalischen Körpern mit bloß äußerlichen Beziehungen, beschreibt die organistische Philosophie als Formen innerer Beziehungen zwischen wirklichen Ereignissen. Eine solche Wandlung bedeutet die Verschiebung, vom Materialismus hin zum *Organismus* als Grundvorstellung der Physik. Eine solche Perspektive verschiebt den statischen Stoff durch den der fließenden Energie.

5.7 Kausale Empfindungen, vergegenwärtigende Unmittelbarkeit und symbolischer Bezug

Der Common Sense und die physikalische Theorie bezeichnen einen gemeinsamen historischen Vererbungsweg von einem wirklichen Einzelwesen oder Ereignis zum nächsten. Das einfache physische Empfinden ist ein Akt der Verursachung. Das wirkliche Einzelwesen als das anfängliche Datum ist die Ursache und das einfache physische Empfinden die Wirkung. Deshalb werden alle einfachen physischen Empfindungen auch kausale Empfindungen genannt. Die gemischte Wahrnehmung setzt sich aus der vergegenwärtigenden Unmittelbarkeit, welche über den veranschaulichten Teil des Universums vermittelt und der kausalen Wirksamkeit zusammen.

Die vergegenwärtigende Unmittelbarkeit ist keine Wahrnehmung die eine vollständige Identifikation zulässt. Die Wahrnehmungsweise der vergegenwärtigenden Unmittelbarkeit entsteht erst in den späteren, schöpferischen und integrativen Phasen des Konkretisierungsprozesses. Die Wahrnehmungsweise der kausalen Wirksamkeit muss hingegen auf die Beschaffenheit des Datums zurückgeführt werden, aufgrund dessen es ein konkretes wahrnehmendes Einzelwesen gibt. Wenn wir auf dem organischen Sein tiefer gehen, ist es weniger der Sinn für kausale Wirksamkeit der den niedrigen Organismen fehlt, als vielmehr die Mannigfaltigkeit der sinnlichen Vergegenwärtigung. Eine Qualle bewegt sich vorwärts oder zieht sich zurück. Sie verrät eine Wahrnehmung der kausalen Beziehung, zu der sie transzendierenden Welt. Eine Pflanze wächst nach unten in die feuchte Erde.

Vergegenwärtige Unmittelbarkeit ist der Auswuchs des komplexen Datums der durch kausale Wirksamkeit eingepflanzt wird. Aber aufgrund der schöpferischen Kraft der ergänzenden Phase wird das, was in der kausalen Wirksamkeit vage, schlecht abgegrenzt und kaum relevant war, in der vergegenwärtigenden Unmittelbarkeit deutlich. Vergegenwärtigende Unmittelbarkeit verstärkt die Bedeutung von Beziehungen, die vage und mit geringer Relevanz bereits im Datum angelegt waren. Die Tatsache dass die vergegenwärtigende Unmittelbarkeit es mit demselben Datum zu tun hat wie die kausale Wirksamkeit, liefert den elementaren Grund, aus dem es eine gemeinsame Grundlage für den *symbolischen Bezug* gibt.

Der symbolische Bezug ist das interpretierende Element in der Erfahrung. Die Sprache bezieht sich fast ausschließlich auf vergegenwärtigende Unmittelbarkeit, wie sie durch den symbolischen Bezug interpretiert wird. Wir sagen dass wir einen Stein sehen, wobei Stein eine Interpretation des Steinbildes ist. Auch direkte Beobachtungen sind durch und durch nichts anderes als interpretierende Behauptungen über einfache direkte Erfahrungen. Wenn wir einen Menschen sehen, dann meinen wir einen Fleck gesehen zu haben, den wir für einen Menschen halten. Die relevante Erfahrung ist stets mehr als nur die des Sehvorganges.

Unsere Erfahrung ist in der Terminologie Descartes nicht nur eine der *realitas objektiva*, sondern auch ein *judicium*, das die Totalität unserer Erfahrung jenseits dieser erfassten Informationen ins Spiel bringt. Der symbolische Bezug, auch wenn in der komplexen menschlichen Erfahrung beide Richtungen verwirklicht sind, nimmt hauptsächlich als Erhellung von Wahrnehmungsgegenständen, in der Weise der kausalen Wirksamkeit Bezug. Daraus erhellt sich der Sinn für die Herkunft einer Vergangenheit und den Übergang in eine unmittelbare Zukunft. Dies ist unser allgemeiner Sinn für *Existenz*.

Unsere Körper sind weitgehend Vorrichtungen, durch welche irgendein zentrales wirkliches Ereignis, diese grundlegenden Erfahrungen seiner vorausgegangenen Teile ererben kann. In gewissem Sinne ist der Unterschied zwischen einem lebenden Organismus und der anorganischen Umgebung nur eine Frage des Grades. Aber auf diesen Unterschied kommt es letzten Endes an, denn es handelt sich um einen qualitativen Sprung. Je höher die Stufe des Übergangs zu höheren Lebensformen, desto heftiger und origineller ist die Verstärkung.

Die Wahrnehmungsgegenstände in der Weise der vergegenwärtigenden Unmittelbarkeit haben entgegengesetzte Charakteristika. Sie sind vergleichsweise klar abgegrenzt, kontrollierbar und dem unmittelbaren Erleben zugänglich und haben nur einen minimalen Bezug zur Zukunft oder Vergangenheit. Unsere Wahrnehmungsgegenstände in der Weise der Unmittelbarkeit stimmen wir ab, denen in der Weise der kausalen Wirksamkeit sind wir ausgesetzt. In der Tat bringt aber der Prozess der Selbstwerdung mit dem Ziel, eine einheitliche Erfahrung zu erreichen, stets ein neues Element hervor, indem Wahrnehmungsgegenstände der einen oder der anderen Weise, zu einem subjektiven Empfinden synthetisiert werden.

Von jedem physischen Empfinden leitet sich ein begriffliches ab. Wahrnehmung im Sinne des Bewusstseins erfordert gerade den zusätzlichen Faktor des *begrifflichen Erfassens*. Für die organistische Philosophie sind die primären Daten immer wirkliche Einzelwesen, die vermöge gewisser Universalien in das Empfinden aufgenommen werden. Das subjektive Ziel jedes sich konkretisierenden Ereignisses bringt etwas Neues hervor und im begrifflichen Erfassen werden diese neuen Elemente in eindeutige Empfindungen aufgenommen. Im Falle der höheren Organismen, führt diese begriffliche Initiative zum Nachdenken über die verschiedenen Erfahrungen, welche wiederum selbst Neuheiten der begrifflichen Reaktion fördern.

Die physische Vererbung wird im Wesentlichen von einer begrifflichen Reaktion begleitet, die ihr teils angepasst ist, teils einen neuen relevanten Charakter oder Kontrast einführt, jedoch immer Emphase, Wertung oder Zwecksetzung mit sich bringt. Die Integration der physischen und geistigen Seite zu einer Einheit der Erfahrung, charakterisiert eine Kreativität, die dem ihm zugrunde liegenden Prozess dieser Konkretisierung transzendiert. Ein begriffliches Erfassen ist eine Möglichkeit, wie ein wirkliches Einzelwesen Wirklichkeiten abgrenzt. Wirklichkeiten müssen empfunden werden, während Potenziale abgewiesen werden können.

Die Abgegrenztheit der Wirklichkeit beruht auf der Ausschließbarkeit zeitloser Gegenstände in ihrer Funktion als Alternativen. Ein zeitloser Gegenstand ist eine Potenzialität für ein wirkliches Einzelwesen. Potenzialität ist das *Korrelat* zum Gegebensein. Die Bedeutung von Gegebensein liegt wiederum darin, dass alles was gegeben ist auch nicht hätte sein können.

Ein begriffliches Empfinden ist das *Empfinden* eines zeitlosen Gegenstandes, das heißt, es ist das Empfinden seiner Fähigkeit eine realisierte Determinante des Prozesses zu sein. Immanenz und Transzendenz sind die Charakteristika eines Objekts. Als eine realisierte Determinante ist es immanent, als eine Fähigkeit der Bestimmung ist es transzendent und in beiden Fällen ist es relevant. Die subjektive Form eines begrifflichen Empfindens hat den Charakter einer Wertung, die entweder verstärkt oder vermindert. Die Wertung ist qualitativ indem sie bestimmt wie der zeitlose Gegenstand einzusetzen ist, intensiv, indem sie bestimmt welche Bedeutung ihm zukommt.

Die Integration eines physischen Empfindens und eines begrifflichen Empfindens, ist nicht nur die Reduktion des objektiven Datums, für das physische Empfinden auf eine Vielheit von bloß logischen Subjekten. In dem vergleichenden Empfinden ist das Datum gerade der *Kontrast* zwischen dem begrifflichen Datum und der Realität des Nexus. Das physische Empfinden empfindet eine reale Tatsache, dass begriffliche wertet eine abstrakte Möglichkeit. Das neue Datum ist die Vereinbarkeit oder Unvereinbarkeit. Angesichts des Momentes von individueller Autonomie, das für die subjektive Form eines begrifflichen Empfindens charakteristisch ist, haben wir ein Beispiel für eine Verlagerung, einem Ausrichten von Energie in der physischen Welt. Die verheerende Trennung von Körper und Seele, die allen traditionellen Philosophien charakteristisch ist, wird durch die umgewandelten Empfindungen somit vermieden. Auf diese Weise *wirken* begriffliche Empfindungen auf physische und umgekehrt. Das Datum von dem physischen Empfinden abgeleitete begriffliche ist ein zeitloser Gegenstand, der andererseits wiederum als Anreiz für das physische Empfinden wirkt. Die subjektive Form eines begrifflichen Empfindens ist Wertung. Daher ist begriffliches Erfassen begriffliche Wertung und diese kreative Wertung führt eine kreative Zwecksetzung ein. Der geistige Pol führt das Subjekt als eine Determinante seiner eigenen Konkretisierung, als sein eigenes Ideal durch Bezug auf zeitlose Wertungsgrundsätze bestimmt ein, die in ihrer Anwendung auf das objektive physische Datum modifiziert werden.

In einer zweiten Phase wird das vom physischen abgeleitete begriffliche Empfinden nun begriffliche Umkehrung. Hier wird das Neue jetzt vornehmlich begrifflich empfunden. Dabei handelt es sich um den Prozess, durch welchen die anschließende Anreicherung der subjektiven Formen durch qualitative Muster, wie auch an Intensität durch Kontrast relevanter Alternativen möglich wird. Es entsteht ein begrifflicher Kontrast der eine Synthese oder Eliminierung zwischen physischen Unvereinbarkeiten zulässt.

Auf diese Weise wird die Welt physisch als eine Einheit, aber auch als in Teile zerlegbar empfunden, wobei die Objektivierungen des Nexus sich nur indirekt auf die Charakteristika ihrer individuellen atomistischen Einheit beziehen. Gewöhnlich vermittelt die Objektivierung eine direkte Information, sodass sich das erfassende Subjekt selbst als das direkte Ergebnis, der in dem erfassten Nexus vorherrschenden Ordnung gestaltet. *Umwandlung* ist die Weise in der die wirkliche Welt aufgrund der in ihr vorherrschenden Ordnung, als eine Gemeinschaft empfunden wird. Sie geht aus den Analogien zwischen verschiedenen Elementen des erfassten Nexus hervor und eliminiert deren Unterschiede. Ohne Umwandlung würde es uns nicht gelingen zu den dominierenden Charakteristika der Dinge vorzudringen. Ein begriffliches Empfinden aus analogen physischen Empfindungen verschiedener wirklicher Einzelwesen abgeleitet, ermöglicht es so dem Subjekt, in einer anschließenden Phase der Integration, das Datum dieses begrifflichen Empfindens in ein einheitliches Charakteristikum des Nexus umzuwandeln. Auf diese Weise bildet der so qualifizierte Nexus das objektive Datum eines Empfindens, welches ein erfassendes Subjekt nun auch physisch qualifizieren kann.

Die begrifflichen Empfindungen verändern daher die zukünftige Rolle dieses Nexus als ein objektives physisches Datum. Was zunächst begrifflich ist, wird später in einer erweiternden Rolle physisch empfunden. So hat das begriffliche Empfinden mit seiner Wertung primär die Eigenschaft der Zwecksetzung. Aber es erlangt diese Eigenschaft der Zwecksetzung nur durch Integration mit dem physischen Empfinden, aus dem es hervorgeht. Eine Annäherung an Intellektualität besteht im Gewinn an Abstraktionskraft. Die irrelevante Vielheit von Details wird eliminiert und das Schwergewicht der Aufmerksamkeit wendet sich den Elementen zu, die eine systematische Ordnung aufweisen. Die Wertungen der begrifflichen Empfindungen sind dadurch wechselseitig bestimmt, da sie als gemeinsame Elemente in der Erfüllung, welche auf das Subjekt zielen, angepasst sein müssen. Geistige und physische Vorgänge sind *untrennbar* miteinander verflochten.

Ein hybrides Erfassen hat als sein Datum im Allgemeinen ein früheres Ereignis, das mit Bezug auf ein begriffliches Erfassen objektiviert wird. Das wirkliche Einzelwesen ist dabei das Produkt des Ineinandergreifens des geistigen wie physischen Pols. Dieser Prozess ist dabei innerhalb jeder Wirklichkeit durch die subjektive Einheit des Ziels gebunden, das die gemeinsame Entwicklung und die abschließende Konkretisierung beherrscht. Die objektive Seite der Erfahrung leitet sich vom physischen Pol her, der seinen Ursprung in der wirklichen Außenwelt hat. Die subjektive Seite der Erfahrung im geistigen Pol, beruht wiederum auf den subjektiven begrifflichen Wertungen. Den geistigen Operationen kommt dabei eine zweifache Aufgabe zu. Sie schaffen das subjektive Ziel für die Erfüllung des unmittelbaren Subjekts, das aus den anfänglichen Daten erlangt werden soll.

Auf diese Weise wird ausgehend von der Wirkursache, die Zweckursache im geistigen Pol vervollständigt. Diese Umwandlungen und Verlagerungen wirken, indem sie die kreativen Akte des Fortschreitens des Einzelwesens über sich hinaus verlagern. Die anorganischen Ereignisse sind nur das, was ihnen die kausale Vergangenheit zu sein gestattet. In dem Augenblick wo wir uns der anorganischen Welt zuwenden, scheint die Kausalität niemals auch nur für einen Moment ihren Zugriff zu verlieren.

Was verloren geht, ist das Schöpferische und jeder Beweis für eine unmittelbare Eingenommenheit von der Gegenwart. Soweit wir sehen können sind anorganische wirkliche Einzelwesen: Vehikel der Rezeptivität, der Aufbewahrung und der Zurückerstattung ohne Verlust und Gewinn.

Symbolische Verlagerung beruht auf dem Aufblitzen begrifflicher Originalität, welche das Leben ausmacht. In der kanalisierten

Wichtigkeit freier begrifflicher Wirkungsweisen werden blinde Erfahrungen, durch Vergleich mit der fantasievollen Realisierung reiner Potenzialität analysiert. Auf diese Weise wird die Erfahrung durch die gemeinsame Operation des fantasievollen Erlebens und des Urteils, mit Bezug auf die relative Wichtigkeit ihrer Bestandteile reorganisiert. Die Entwicklung der Vernunft entspricht der gesteigerten Bedeutung des kritischen Urteils, für die Disziplin dieses fantasievollen Erlebens.

5.7.1 Aussagen

Zunächst haben wir ein grundlegendes physisches Empfinden aus dem die ganze Abfolge von Empfindungen für das jeweilige Subjekt hervorgeht. Aus diesen physischen Empfindungen entsteht das aussageartige Empfinden. Die Umwandlungen können dabei den Charakter des empfundenen Nexus verzerren, indem sie den empfundenen Begriff in eine empfundene Tatsache *umwandeln*. Das Datum dieses Empfindens ist die Aussage, mit den wirklichen Einzelwesen des Nexus als ihre logischen Subjekte. Die Integration in die bewusste Wahrnehmung konfrontiert daher den Nexus als Tatsache, mit der selbst von ihm abgleitenden Potenzialität. Diese Konfrontation ist der allgemeine Kontrast, der das objektive Datum des umfassenden Empfindens bildet. Das Datum eines rein begrifflichen Erfassens ist ein zeitloser Gegenstand, das eines unreinen Erfassens eine Aussage. Mit der Steigerung der Intensität des geistigen Pols, nimmt das begriffliche Erfassen meist die Form eines aussageartigen Erfassens an.

Symbolik kann gerechtfertigt sein oder nicht. Ein wesentlicher Zweck von Symbolen ergibt sich aus deren Verfügbarkeit. Der Maßstab muss jedoch immer pragmatisch sein. Soweit die Symbolik zu einem Vererbungsweg entlang der Wahrnehmungsereignisse geführt hat, ist die Symbolik gerechtfertigt. Die menschliche Erfahrung geht oft mit symbolischem Bezug einher, dass es kaum übertrieben ist zu sagen, die eigentliche Bedeutung von Wahrheit sei *pragmatisch*. Wahrheit oder Falschheit müssen jedoch immer einen Grund haben und nach dem ontologischen Prinzip, enthält ein Grund immer einen Bezug zu einem bestimmten wirklichen Einzelwesen.

Daher führt ein Versuch, die zeitlosen Gegenstände in vollständiger Abstraktion von der wirklichen Welt zu verstehen dazu, sie auf undifferenzierte Nichtseiende zu reduzieren. Dies ist ein Beleg für das Prinzip, wonach die allgemeine metaphysische Eigenschaft eines wirklichen Einzelwesens darin besteht, ein bestimmter Faktor im Werden von Wirklichkeiten zu sein.

Begriffe sind das analytische Wirken von Universalien und Aussagen sind Potenziale für die spezifische Bestimmung von Sachverhalten. Eine Aussage liefert einen Anreiz für das Empfinden. Das subjektive Ziel nach dem sich das Werden des Subjekts richtet, ist jenes Subjekt, das eine Aussage mit der subjektiven Absicht empfindet, sie in diesem Selbsterschaffungsprozess zu realisieren. Eine Aussage liegt zwischen reinen Potenzialitäten und Wirklichkeiten.

Eine Aussage ist die Einheit bestimmter wirklicher Einzelwesen, in ihrer Potenzialität einen Nexus zu bilden, daher die Potenzialität der wirklichen Welt eine abgegrenzte Menge von wirklichen Einzelwesen, in einen Nexus von Reaktionen einzuschließen, zu dem somit auch das hypothetische Eintreten einer abgegrenzten Menge zeitloser Gegenstände gehört. Die abgegrenzte Menge von einbezogenen wirklichen Einzelwesen werden als die *logischen Subjekte* der Aussage bezeichnet und die abgegrenzte Menge von einbezogenen zeitlosen Gegenständen als die *Prädikate* der Aussage.

Diese grenzen eine Potenzialität des Bezogenseins für die Subjekte ab. Die ausgewählten zeitlosen Gegenstände bilden die Qualitäten und Relationen, die von den logischen Subjekten behauptet werden. Die Aussage *vereint* die konkrete Besonderheit wirklicher Einzelwesen und die abstrakte Allgemeinheit der zeitlosen Gegenstände. Ein zeitloser Gegenstand der bezüglich seiner Potenzialität auf bestimmte logische Subjekte bezogen und realisiert ist, wird somit als aussageartiges Empfinden, in der Geistestätigkeit des jeweiligen wirklichen Ereignisses bezeichnet.

Aussagen sind Anreize für Empfindungen und geben diesen eine Endgültigkeit des Erlebens und der Zwecksetzung, die der Bewertung des physischen Empfindens in Richtung auf physische Zwecksetzung fehlt. Die Aussage wird zu einem Anreiz kreativen Handelns. In einem aussageartigen Empfinden geht es um das Innehalten, die Wertung des prädikativen Musters in seiner Relevanz für die abgegrenzten logischen Subjekte, die ansonsten in der Erfahrung empfunden werden. Eine Aussage teilt mit einem zeitlosen Gegenstand die Eigenschaft der Unbestimmtheit, indem beide mögliche abgrenzende Potenzialitäten mit unbestimmter Realisierung für Wirklichkeiten darstellen. Eine Aussage kann über eine eingeschränkte Allgemeinheit verfügen oder sich auf eine vollständige Menge von vorgegebenen logischen Subjekten beziehen. Jedes logische Subjekt wird zu einem bloßen *es* unter Wirklichkeiten, mit einer zugewiesenen hypothetischen Relevanz.

Eine Aussage nimmt nur auf bezeichnete logische Subjekte Bezug. Sie hat weder die Partikularität eines Empfindens, noch die Realität eines Nexus. Sie ist ein Datum für das Empfinden, das auf ein empfindendes Subjekt angewiesen ist. Wirklichkeiten die zunächst als nackte Tatsachen empfunden wurden, werden in einer Menge von logischen Subjekten transformiert, in der die Potenzialität steckt, ein zugewiesenes prädikatives Muster zu realisieren.

Aber auch das prädikative Muster ist durch Eliminierung eingeschränkt worden. Denn als Datum im begrifflichen Empfinden hatte es seine Potenzialität der Realisierung, mit Bezug auf absolut irgendwelche zeitlosen Gegenstände, aber in der Aussage sind seine Möglichkeiten auf genau diese logischen Subjekte beschränkt worden. Wenn eine Aussage in das Empfinden aufgenommen wurde, hat die Reaktion einfach zu einer Anpassung des Empfindens an die Tatsachen geführt, die zu einer den Empfindungen inhärenten neuen individuellen Wertung synthetisiert wurden. Das Erfassen hat abrupt eine Form der Abgegrenztheit hervorgehoben, die in der Tatsache veranschaulicht wird. Ein neuer Aspekt ist in die Schöpfung getreten. Dieses Neue kann die Ordnung fördern oder zerstören.

5.7.2 Das Urteil und die emotionale Form

Das emotionale Muster um die nackte Tatsache herum kann als Möglichkeit verstanden werden, aus welcher die Relevanz für seine Zukunft gewonnen wird. Eine Aussage ist das Datum des Urteils, in Abstraktion von dem urteilenden Subjekt und der subjektiven Form. Ein Urteil schwächt oder stärkt die Entscheidung durch welche die beurteilte Aussage als ein Konstituens für den Anreiz, in ihrer Funktion als ein wirksames Element der Erfüllung zugelassen wird. Ein Urteil ist Kritik eines Anreizes für das Empfinden. Ein urteilendes Subjekt fällt immer ein Urteil über seine eigenen Daten. Bewusstsein ist die Weise, einen besonderen Nexus als einen Kontrast, zu der freien Vorstellung von ihm zu empfinden. Das Bewusstsein kann dem was das reale Ding ist, dem was die Vorstellung ist oder beiden eine Bedeutung verleihen.

In einem intellektuellen Empfinden ist das Datum der allgemeine Kontrast zwischen einem Nexus von wirklichen Einzelwesen und einer Aussage, deren logische Subjekte Elemente des Nexus sind. Der Kontrast ist der zwischen dem blanken Sachverhalt, was das jeweilige wirkliche Einzelwesen zu dem im physischen Empfinden objektivierten Nexus beiträgt und der bloßen Potenzialität desselben wirklichen Einzelwesens, seine zugewiesene Rolle in dem prädikativen Muster der Aussage so zu spielen, dass es die Aussage realisieren könnte. Es ist also der Kontrast zwischen dem was die logischen Subjekte sind und dem was sie sein könnten. Die Hauptfunktion intellektueller Empfindungen besteht also darin, die emotionale Intensität zu erhöhen, welche die Wertungen in den begrifflichen Empfindungen begleitet. Sie bringen Möglichkeiten zum Ausdruck, die für abgegrenzte logische Subjekte relevant sind.

Die emotionale Form eines Empfindens kann nicht lediglich von dem empfundenen Datum abgeleitet werden, obwohl sie in enger Relation dazu steht. Das emotionale Muster in der subjektiven Form jedes einzelnen Empfindens geht aus dem subjektiven Ziel hervor, das den gesamten Konkretisierungsprozess beherrscht. Die anderen Empfindungen können dabei als katalytische Vermittler aufgefasst werden. Das emotionale Muster ist die besondere Weise in der sich das Subjekt in seinen Empfindungen selbst behauptet.

Ein Empfinden eignet sich Elemente des Universums an, die an sich anders sind als das Subjekt und sie so in die reale innere Beschaffenheit dieses Subjekts aufnimmt, indem es diese Elemente zu einer Einheit eines emotionalen Musters synthetisiert, das seine eigene Subjektivität zum Ausdruck bringt. Es bewirkt eine Modifizierung des subjektiven Ziels. Intellektuelle Empfindungen bewirken in ihrer primären Funktion die Erhöhung der Konzentration der Aufmerksamkeit und Bedeutung. Diese Aufmerksamkeit führt als Kritik, zum Urteil über Wahrheit und Falschheit. Das Urteil ist ein Empfinden im Prozess des urteilenden Subjekts und mit *Bezug* zu diesem richtig oder falsch. Es wird sich primär auf eine abgegrenzte Zahl wirklicher Einzelwesen und zeitloser Gegenstände beziehen, die durch ihr Eintreten den Nexus so objektivieren, dass er als *eins* und tatsächlich miteinander verbunden beurteilt wird.

6 Spencer Brown – Die Form der Paradoxie

Nach Spencer Brown beginnen alle mathematischen Texte irgendwo in der Mitte der Geschichte und überlassen es dem Leser den Faden aufzunehmen. Doch diesen Wesenszug haben letztlich sicher nicht nur alle wissenschaftlichen Texte, sondern auch das Konzept Realität selbst gemein.

Sämtliche der hier aufgeführten Autoren drängen dabei vehement auf die längst überfällige Überwindung der klassischen *Subjekt-Objekt Philosophien*, wobei allen der *Beobachter*, das heißt das menschliche *Da-sein* als Schlüsselelement ihrer Philosophie zugrunde liegt. Insbesondere Weizsäcker und Brown unterscheiden sich nur im Stil oder der Wahl ihrer Methode der Unterscheidungen. Stützt sich Spencer Brown vorwiegend auf die Logik, nährt sich Weizsäcker von der physikalischen Seite (gestützt auf gruppentheoretische Überlegungen: Das *Ur* ist kein Objekt, sondern Zustandsraum einer Alternative).

Browns Ansatz ist ein subjektabhängiger Konstruktivismus, geht aber auch darüber hinaus. „Aber grade die Mathematik kann sehr schön zeigen, dass das, was wir (als wahr) erkennen, von dem abhängt was wir tun müssen um dorthin zugelangen. Folglich Erkenntnisleistungen immer Konstruktionsleistungen sind. Das heißt, die Definitionen und Unterscheidungen die wir treffen legen den Rahmen fest, was wir erkennen können. Diese Auffassung widerspricht den Glauben an Tatsachen und lenkt die Aufmerksamkeit auf die Bedingungen und Vorannahmen, unter denen jemand etwas (als wahr) erkennen kann."

Spencer Browns Ziel ist zu zeigen, wie ein Universum zum *Dasein* gelangt wenn ein Raum getrennt oder geteilt wird." Die Haut eines Organismus trennt eine Außenseite von einer Innenseite. Das Gleiche tut der Umfang eines Kreises in einer Ebene. Indem wir in unserer Darstellungsweise einer solchen Trennung nachspüren, können wir damit beginnen, die Formen die der Sprachwissenschaft, der mathematischen, physikalischen und biologischen zu Grunde liegen, mit einer Genauigkeit und einem Umfang, die fast unheimlich wirken zu rekonstruieren und können somit anfangen zu erkennen, wie die vertrauen Gesetze unserer eigenen Erfahrung unweigerlich aus dem Akt der Trennung folgen". The *laws of form* beginnt nicht mit einer beliebigen Unterscheidung, sondern mit der *Unterscheidung* von Unterscheidung. Insofern handelt es sich gewissermaßen auch um eine formtheoretische Erkenntnistheorie – oder Philosophie.

Für jede Unterscheidung gilt dass sie eine Einheit trennt. Sie produziert eine Zweiheit, welche jedoch auch immer die Einheit verdeckt, welche ihr zu Grunde liegt. Jede Unterscheidung führt somit die Paradoxie von Einheit und Differenz mit sich. Der Anfang von Himmel und Erde. Hierin liegt verborgen, dass die *Paradoxie* im Anfang von allem steckt: Sie ist die formale Grundlage jeder Existenz.

„Ein Universum ist das Resultat der Möglichkeit, dass ein Zustand einen unterschiedlichen Wert hat als ein anderer. Genau das ist der Eintritt des Kalküls. Und insofern sind die *laws of form* ein Vehikel der Erkenntnis. Also nicht nur wie ein Universum zum Dasein gelangt, sondern damit auch die Erkenntnis wie und wer wir selbst sind. Wir müssen uns selbst als die Schöpfer der Form erkennen. Wir erschließen die Welt durch Unterscheidung. Grade das erleben solcher Objekte ist ein Ergebnis des *Unterscheidens*.

Es handelt sich hier jedoch nicht um eine Sondierung, sondern um eine Konstruktionsleistung. Die Welt enthält keine Unterschiede per se, nur die potenziellen Möglichkeiten dazu und dies ist nur möglich, wenn sich Epistemologie und Ontologie gleichberechtigt als Partner gegenüberstehen. Wir erinnern nochmal an Heidegger: Das Dasein geht als konstitutives Moment der Welt voraus, ist jedoch selber nur aufgrund von Welt. Wobei es sich hier natürlich (als konstitutives Moment der Gleichursprünglichkeit verstanden) nicht unbedingt um eine zeitliches *voraus* handelt.

Aller Anfang ist nicht absolut, sondern die *erste* notwendige und gezielt getroffene, also bewusste Entscheidung. Das jeweilige *Erste* ist also kein empirischer Gegenstand, sondern ein reiner *Reflexionsbegriff*. Ein Blick zurück auf einer bunten, dreidimensionalen physikalischen Landkarte, gezeichnet durch die Farben des Lebens und unserem wissenschaftlichen Paradigmas, welches nicht nur die Zukunft, daher das Mögliche realisiert, sondern eben auch die Geschichte interpretiert, vervollständigt, schreibt und umschreibt.

Alles Seiende in der Welt basiert auf systemischen *Subjekt-Objekt* Brüchen oder Relationen (die sich physikalisch jederzeit innerhalb einer Unschärfe vollziehen können), welche Unterschiede, Differenzen oder Potenzialität hineinbringen, wo *vorher* keine waren. Nicht nur wir sind nach Heidegger als eine solche *Differenz* in eine Welt geworfen, sondern ebenfalls *Welt*. Eben nicht weil sie sich nur reflexiv durch unsere Augen und Empfindungen wahrzunehmen, also zu realisieren vermag, sondern weil sie bei ihrer *Geburt* (wie wir selbst) nicht eigentlich *Da* war. Sie erwachte bereits im Lichte von Sinn, Sein und Bedeutung. Wir befinden uns nach Spencer bereits immer schon auf der Innenseite einer Unterscheidung und damit als wechselseitig bestimmte Bewandnisganzheit auch die Welt selbst.

Das trifft für jedes Seiende zu. Wenn daher Heidegger bekräftig, wir kommen nicht *hinter* diesen Wurf im Dasein (daher aus unserer Haut im verstehenden Sein oder anders ausgedrückt: Wir wissen nach *Nagel* nicht, was es heißt eine Fledermaus zu sein) zurück, dann meint er genau diesen Aspekt. Es gibt prinzipiell keine präexistente subjektunabhängige Wirklichkeit und noch weniger einen absoluten Urgrund.

All Anfänge sind fantasievolle Schöpfungen oder Realisierungen aus ihrer Zeit, ihrem Paradigma, ihrem Verständnishorizont, also aus ihrem damit aufgespannten Möglichkeitsraum heraus. Der Big Bang vollzieht sich jedoch tatsächlich in jeden Augenblick aus der unmittelbaren Gegenwart heraus. Sicher weniger spektakulär und kaum wahrnehmbar, dafür aber objektiv, aktual und real im Gegensatz zu seinem rein wissenschaftlich-poetischen Pendant, als Potenzial einer wissenschaftlich-weltgeschichtlichen Erzählung, betrachtet aus dem Rückspiegel einer mit den Mitteln und Methoden des gegenwärtigen Paradigmas gepflasterten Straße, welche jedoch zu keinem Ziel führt, sondern nur einen Selbstzweck hat. Der Weg oder Schöpfung ist das Ziel! Diese Straße wird mit jedem Paradigmenwechsel neu saniert und überbaut. Es gibt keine endgültige Version, weil es keinen absoluten Anfang oder Beginn gibt. Jedes Sein ist nur aus seinen Bedingungen heraus und grade das Seiende was ihm entspringt kann nicht mächtiger sein, als dieses Sein selbst. In der Sprache Heideggers als Moment der Gleichursprünglichkeit oder Whiteheads formuliert: Das Werden ist seinem Sein über die Potenzialität als Proportionalitätsfaktor korreliert.

Alles was wir als Anker in der Welt haben wird durch Heideggers *Zwischen* konstituiert. Dieses *Zwischen* verkörpert die symbolische Mitte zwischen Potenzialität und Faktizität, Vergangenheit und Zukunft und Subjekt und Objekt. Es gibt keine wirkliche Trennung zwischen Erzeuger und Erzeugnis oder Sein und Handeln in einem zirkulär organisierten Selbstschöpfungsprozess.

Wirkliche Welt ist immer ein relativer Terminus und bezieht sich auf eine Basis von vorausgesetzten Einzelwesen (Nexus). Diese Perspektive verkörpert einen abgegrenzten regionalen Standpunkt, der eine begrenzte Potenzialität für mögliche Objektivierungen definiert. Daher besitzt die Zukunft auch nur formale (in Form eines Wahrscheinlichkeitskataloges), jedoch keine unmittelbare Wirklichkeit in der Gegenwart. Doch eben nicht nur die Gegenwart schwillt fortwährend in einer neuen Zukunft an, sondern auch die vergangene Gegenwart wird fortwährend von ihr überschrieben. Wobei eben nicht Lottoziehungen oder Sportscores ausradiert werden, sondern ein schöpferisch-naturwissenschaftliches

Abstrakt entworfen wird, dass einzig in einem hochdimensionalen komplexen mathematisch Raum (Universum) lebt.

Jede Konstruktion einer Einheit geschieht über eine *Abgrenzung*. Demnach beschreibt dieses so gewonnene System die Setzung des *Unterschieds*. Das Zeichen markiert dabei nicht die außerhalb wahrgenommene Welt, sondern das Zeichen ist die Welt. Die Unterscheidung ist eine Form der Schließung. Wichtig bleibt ebenfalls die Erkenntnis, dass wir als Beobachter niemals die erste Unterscheidung treffen. Sie ist für uns als Beobachter bereits mit dem *in-die-Welt-geworfen-seins* quasi getroffen oder ererbt.

Wir erkennen also niemals vorurteilsfrei, sondern sind immer schon in einem gewissen Potenzialraum möglicher Unterscheidungen eingebunden und durch diesen gleichfalls begrenzt. Daher beantwortet Spencer Brown die Frage nach der ersten Unterscheidung ganz im Sinne von Heidegger. Wir befinden uns schon immer auf der Innenseite einer Unterscheidung. Wir können uns dabei – wiederum ganz im Sinne Maturanas, der Anweisung eine Unterscheidung zu treffen nicht entziehen, weil wir ihr auch folgen wenn wir ihr nicht folgen wollen. Gewissermaßen ist Entscheidungen zu treffen und vollziehen zu können das Merkmal der bewussten Existenz. Das nicht reflektieren führt nicht zum Verschwinden des *Beobachters*.

Die Unterscheidung teilt immer die Einheit, hier mit Raum bezeichnet. Haben wir eine Unterscheidung getroffen, so können wir ihre Struktur als *Form* bezeichnen. Wobei das Medium den Hintergrund darstellt, auf welchen Boden dann Formen entstehen können (Beispiel: Fußabdruck im Sand). Doch dies ist im Wesentlichen wieder ein loser operativer und relativer Vergleich, da Medium kein wirklicher Gegenbegriff zur Form darstellt, sondern selbst vielmehr schon eine Unterscheidung verkörpert.

Doch ist einmal die zwei Seitenform gegeben, bleibt diese Grenze nicht absolut, daher streng genommen nicht als Zweiheit, sondern unterschiedene Einheit. Der Raum in dem sich diese Entscheidung vollzogen hat ist operativ nacheinander in der *Zeit* darstellbar und fassbar. Browns Philosophie erlaubt und ermöglicht auch die notwendige Möglichkeit von *rentries*. Eine gewissermaßen selbstreferenzielle Funktion oder Möglichkeit, durch welche nicht nur die Bedingungen des Kalküls durch den Kalkül selbst in den Blick genommen werden kann, sondern auch der Beobachter, der somit erkennen kann, wie er die Welt sieht. Hier wird also der Beobachter zur Unterscheidung selbst in Beziehung gesetzt. Er ist selbst eine *Entscheidung*, da er den Raum unterscheidet den er inne hat.

Form ist *Beobachtung*! Ein Beobachter kann als ein Unterscheidung treffender *Ort* betrachtet werden, sofern man im Auge behält dass Raum und Zeit grade Konstruktionen dieses Ortes, daher nur in der Existenz dieses Beobachters gegenwärtig sind. Da ein Beobachter nicht existent ist ohne Unterscheidungen zu treffen, bleibt ihm der unterschiedslose *empty space* verborgen. Im Kalkül wird also lediglich nachvollzogen was man erkennen kann, wenn es möglich ist, dass eine Unterscheidung getroffen wird. Es ist die Formalisierung von *Beobachten*.

Der Verweis auf den Beobachter meint jedoch nicht, das er eine Welt vorfindet weil sie etwas anderes ist als er und er somit die in ihr enthaltenden Unterschiede erkennen kann. Vielmehr ist der Beobachter daraufhin intendiert, dass er Unterscheidungen trifft um ein ungeformtes Medium für sich handbar zu machen. Auf der anderen Seite entsteht er selbst erst im Prozess des Treffens von Unterscheidungen. Er ist nach dieser Konzeption lediglich die Instanz, in der wir als Beobachter den *Prozess des Beobachtens* feststellen können. Der Beobachter ist das selbstreflexive und selbstbezügliche Moment innerhalb der Form. Er kann beobachten dass er innerhalb der Form ist (in Analogie zwischen bewussten Ich und Organismus) und somit mit seinen Grenzen spielen. Das auf Unterscheidung beruhende Beschreibungsmuster lässt sich natürlich selbst wieder auf diese Unterscheidungen anwenden. Nur die Beobachtung die er jeweils grade macht, kann er nicht zugleich beobachten, denn dazu müsste er sich zugleich in ein Subjekt und Objekt aufteilen.

Bei dem Versuch des Beobachters sich selbst vollständig zu beobachten, sich selbst also als Einheit oder Ganzheit in die Aktualität zu setzen, unterwandert er eine Grenze. Auch die Welt als ein ganzheitliches Gefüge müsste sich demnach zugleich in einen beobachteten und beobachtenden Zustand teilen und somit die Einheit zerstören. Was die Welt also sieht (der Beobachter repräsentiert hier die Beobachtung der Welt wenn wir so wollen), ist nur ein exemplifizierter Teil ihrer selbst, da sie sich in ihrer Selbstbeobachtung grade so verhalten muss, als wäre sie von sich selbst unterschieden. Die Beobachtung und ihr Einfluss auf das Beobachtete verkörpern eine komplexe Ereignisvielfalt.

Die Welt verändert sich mit unserer Beobachtung und ein Beobachter kann sie somit *nie* als das erkennen, was oder wie sie ohne ihn ist. Würde das gelingen, träfen wir als Beobachter keine Unterscheidungen. Doch dies ist grade die Quintessens der Beobachtung. Das Universum ist also auf eine Weise beschaffen, das es ermöglicht sich selbst (von einer bestimmten Seite her) zu sehen oder wahrzunehmen und damit implizit sich so in die Existenz zu bringen. Doch selbst das sehen dieser Feststellung ist bereits selbst schon wieder eine Unterscheidung.

Die unmittelbare Erfahrung der Welt ist nie paradox. Nur die Beobachtung oder die Beschreibung von Erfahrung der Welt ist es. Nikolas Luhmann drück dies so aus: „Ein Paradox ist immer ein Problem des Beobachters. Wollte man behaupten das Sein selbst wäre paradox, wäre diese Behauptung selbst paradox". Dies genau versucht die Form der Paradoxie auszudrücken. Anders herum betrachtet lässt sich *Sein* eben nicht von Beobachtung trennen. Mit anderen Worten beruht die Paradoxie also vielmehr auf der falschen Prämisse von absoluter Wirklichkeit (naive Realitätsauffassung).

Die Stärke des Kalküls ist also, dass er die andere Seite der Unterscheidung (dessen was er nicht ist) auch immer mit sich führt. Deshalb ermöglich er Berechnungen in denen er selbst noch einmal vorkommt; als das was er (zunächst) nicht erfasste. Er rührt somit in gewisser Weise an den Grenzen des Denkens selbst. Wir können in dieser Unterscheidung jedoch nichts produzieren ohne zugleich mit zu produzieren was es nicht ist; also die Grenze zwischen diesen beiden Seiten in der Aufspaltung dieser Einheit.

Im Begriff der Wahrheit wird im Allgemeinen eine Übereinstimmung der Wirklichkeit mit Aussagen über diese Wirklichkeit rekurriert. Doch somit untermauert dieser Begriff eine Unterscheidung als gegeben. Wirklichkeit und Aussagen über sie seien Verschiedenes. Doch es gibt *keine* objektive Wahrheit. Man fährt besser, wenn man den Begriff der Wahrheit dabei an die Unterscheidung, beziehungsweise den Beobachter knüpft, für den diese Aussage als Erkenntnis in seinem Prozess des Unterscheidens, sich als wahr darstellt. Wahrheit und Existenz als Konstrukt und Resultate des Prozesses des Unterscheidens.

Luhmann drückt dies so aus: „Erkenntnis projiziert Unterschiede in eine Realität, die keine Unterschiede kennt". Das Konzept der Differenz liegt also bereits dem Konzept der Einheit zu Grunde. Ein Beobachter erkennt etwas als Einheit, weil er eine Einheit von anderen unterscheidet. Welt ist jedoch eine *All-Einheit*. Das heißt Welt ist eine *beobachtete* Welt (oder man stellt den Beobachter als außerhalb von der Welt angenommen und zerstört dabei die Einheit). Um also grade festzulegen was ein Ding ist, benötigt man auch immer wieder eine Grenze oder Unterscheidung, die eben mit festlegt was die andere Seite ist oder beziehungsweise nicht ist.

Existenz fußt grade auf dieser Abgegrenztheit, sprich dem Endlichkeitscharakter. Entgegen dem physikalisch-kosmologischen Konzept kann für den Beobachter jedoch keine *All-Einheit* existieren, da für ihn die Möglichkeit des *All-schauens* nicht gegeben ist. *Unschärfe* (im weitesten Sinne des Wortes) ist somit wesentlicher Bestandteil der Welt. Welt ist ein wechselseitiges Bedingungsgefüge. Eine Strukturganzheit, die ein Potential im Entwurf auf das eigenste Seinkönnen bereitstellt. Welt ist Prozess in Form von wechselseitigen Abhängigkeiten, Wechselwirkungen und Transformationen epistemologischer und ontologischer Natur im Bezug zum Dasein: Sprich dem Beobachter.

Doch weder Welt noch Beobachter haben hier Vorrang vor dem anderen. Im Umgang mit einer Umwelt entwickelt sich ein System von ausdifferenzierten Strukturen aus. Eine sich wechselseitig bedingende Einheit wenn man so will. Wobei der Beobachter eben nicht nur der Erzeuger der Welt, sondern auch Gleichmaßen der Erzeugte ist.

Hierzu noch einmal Maturana: „Es ist der Beobachter, dessen Operation ich (operierend als ein Beobachter) verstehen möchte. Es ist die Sprache, die ich (in der Sprache lebend) erklären will. Kurz um: Es gibt keine Außensicht dessen was es zu erklären gilt. Der Beobachter ist das Forschungsthema, das ich habe. Er ist das Forschungsziel und gleichzeitig unvermeidlich das Instrument der Erforschung".

7 Eine kurze Bestandsaufnahme als Wissenschaftskritik

7.1 Realität und Weltbild

Das Gerüst der Metaphysik ist (wie sollte es auch anders sein) das des menschlichen Intellekts. Ob man nun bei der Genese des Intellekts von einer Rückverdichtung der äußeren Wirklichkeit ausgeht oder das Denken als Zustand der Konzentration zur äußeren Wirklichkeit weitet; man muss den Intellekt als ausdehnungsgleich dieser äußeren Wirklichkeit gesetzt denken, in der Überzeugung dass Natur das *Eine* sei und die Funktion des Intellekts eben darin bestünde, diese Wirklichkeit zu umspannen. Ob einverstanden mit der Relativität unserer Erkenntnis oder von der Überzeugung durchdrungen im Absoluten zu wohnen; ein metaphysischer Dogmatismus wird postuliert, der im Grunde nur Annahme oder Verwerfung gestattet. Die Einheit der Welt wird in Form von ewigen Gesetzen ausgerufen, aus deren Schoß sich die Eigenschaften der Dinge entschütten. Das Ideal wird absolut gesetzt, wenn auch nicht oder noch nicht vollendet, so doch aber vorausberechenbar; schwebend und losgelöst von allem steht sie da: Die Welt *an-sich*. Doch bescheidener, realistischer und ergänzungsfähiger muss Naturphilosophie sein.

Das Schicksal der Newtonschen Physik gemahnt daran, dass die wissenschaftlichen Grundprinzipien einen Entwicklungsprozess durchlaufen und dass ihre ursprüngliche Form nur durch Bedeutungsanalyse und durch Begrenzung des Anwendungsbereichs gerettet werden kann, wobei Interpretationen und Einschränkungen während der ersten Zeit der erfolgreichen Anwendung nicht bedacht werden. Solange ein System den Reiz des Neuen hat, wird ihm bereitwillig für einen Mangel an Kohärenz Ablass gewährt. Nachdem das System aber orthodox geworden ist und mit Autorität gelehrt wird, erfährt es eine schärfere Kritik. Die wahre Forschungsmethode gleicht daher mehr einer Flugbahn: Sie hebt ab von der Grundlage einzelner Beobachtungen, schwebt durch die dünne Luft fantasievoller Verallgemeinerungen und versenkt sich dann wieder in neue Beobachtungen, die durch rationale Interpretationen geschärft sind.

Kontinuierlich stellen wir unser Verhältnis zur Umgebung fest. Wirklichkeit ist durch die Lichtwelt des Auges umfasst und einbezogen; später die Überwindung durch das abstrakte, von Empfinden abgezogene Denken und Ordnen in Begriffen. Erkennen ist dabei derjenige Erlebnisakt, dessen vollzogenes Resultat Natur heißt. Naturgesetze als Formen des Erkannten, als Inbegriff von Einzelfällen, welche sich zu einer Einheit höheren Grades zusammenschließen. Als Funktion einer Kultur, derer die inneren Wahrheiten mit Notwendigkeit als solche erkennt und empfindet. Jedes Weltgefühl ist Ausdruck und Symbol seiner Phase. Die vom Beobachter sich ausbreitende Weltform kann daher keine vorurteilsfreie und reine sein.

Welt und Weltbildung gehören zusammen. Es ist ein großer Irrtum beides voneinander trennen zu wollen. Das *Sein* bleibt primär immer eine Frage von inneren Zusammenhängen, insbesondere zwischen Epistemologie und Ontologie. Statt nach ewigen Wahrheiten außerhalb dieses Kreisprozesses zu suchen, finden wir sie einzig in ihm.

Doch der Mensch will Restriktion und Freiheit zugleich: Gesetz und freien Willen. Er wagt nicht den Blick auf eine sich ihm öffnende Zukunft, als Glied steter Selbstüberwachung zu richten. Er weist die Verantwortung weit von sich, zeigt auf eine ihm gegenüberstehende Totale des *Gegebenseins*, die gänzlich oder partieller Erkenntnis zueignend gesetzt wird. Die naiv realistischen Philosophien bleiben somit hinter den Tatsächlichkeiten dieser Welt zurück, denen sie einen immanenten Wirklichkeitscharakter zuweisen.

Doch die Welt ist niemals dieselbe, obwohl sie immer über das feste Element des Ordnens verfügt. Gesetz ist Beziehung und

Beziehung ist immer nur ein Vergleich, der für ein intelligentes Wesen da ist, das sich mehrere Glieder zugleich vorzustellen vermag. Realität ist eine Idee und als solche ein Ideal. Doch Ideale sind niemals gänzlich verwirklicht. Es geht vielmehr um die *Idee* oder das *Konzept* einer Wirklichkeit. Die Idee ist ein Objekt des Denkens und diese werden dadurch allgemein, indem man sie von allen örtlichen und zeitlichen Umständen trennt. Doch können wir uns wiederum nicht vorstellen, wie diese Ideen für sich bestehen können, deshalb gewöhnen wir uns daran irgendein Substrat vorauszusetzen. Alle Philosophie kreist somit immer um die Schwierigkeit die Welt mithilfe von Subjekt, Objekt, Substanz und besonderen Universalien darzustellen.

Nach Nietzsche besteht das allgemeine Gesetz des erkennenden Subjektes darin, mit innerer Notwendigkeit jeden Gegenstand *ansich*, als einen mit sich selbst identischen, also selbst existierenden und im Grunde stets gleichbleibenden und unwandelbaren, also als eine *Substanz* zu erkennen. Doch wir befinden uns in einer Demokratie von Mitgeschöpfen, wohingegen die orthodoxe Philosophie uns immer nur inmitten einsamer, im Nichts treibender Substanzen stellt, welche durch willkürlich erscheinende Anbindungen eines losgelösten Subjekts alle Erfahrung ausmachen. Für Descartes bedarf es folglich zur Erkenntnis nur zweierlei, nämlich uns die erkennen und die Dinge die es zu erkennen gilt. Der von nun an vorherrschende Dualismus verschob das Aktionszentrum vom göttlichen Willen auf den menschlichen Geist.

Auf den Tagesplan tritt die Wissenschaft von der Natur durch Entzifferung. Die daraus abgeleitete Mechanik verlagerte die Beschreibungen auf Zusammenhänge und Ursachen. Generell sind wir daher geneigt, alle Erscheinungen und Phänomene auf prädeterministische Art und Weise auf Primärursachen zurückzuführen und darüber hinaus den systemischen Charakter als strukturgekoppeltes Ganzes zu vernachlässigen oder gar zu sehen, wie sie sich als selbsterhaltende Systeme wechselseitig modulieren, in welchem das Leben auch nur ein willkürliches

Muster und das Denken nur eine seiner möglichen Vollzugsformen darstellt.

Die Mystik des Schicksals ist längst der gestalterischen Kraft der wissenschaftlichen Methode gewichen. Der sich wiederholende Blick der Erfahrung vollendet hier seine Seele. Aus dem scheinbar unbedeutenden Nebeneinander entfaltet sich so eine wirksame Wirklichkeit, abgestimmt auf unsere zivilisatorisch-kulturellen Notwendigkeiten und Bedürfnisse. Lauter und doch unnahbarer als ihre Vorgänger. Nicht das diese schnelllebige Welt und Wirklichkeit, als ein sich zu entfaltendes Potenzial zu abstrakt, zu vielfältig für uns ist, um bedeutungsvolle Interpretation einer Wirklichkeit aus diesem Prozess zu gewinnen. Vielmehr stößt das Konzept Wirklichkeit (wie der Quantenprozess eindrucksvoll zeigt) dort an seine Grenzen.

Aller Anfang hat keinen Namen, sondern erhält ihn sinn – und bedeutungsgebend aus dem *Zwischen* (Epistemologie und Ontologie, Potenzialität und Fakten, Vergangenheit und Zukunft) seiner jeweiligen Zeit heraus. Das *Gott* die Welt in einem Akt biblischen Urknall schöpfte, war für Generationen vor uns ein Fakt, eine unleugbare Tatsache, wie der *Big Bang* für uns wissenschaftlich geschulte Menschen. Wir sehen, leben und erleben die Vergangenheit und Zukunft immer nur aus dem Tunnelblick unseres Paradigmas heraus. Es gibt keine Annährung an eine omnipräsente Wahrheit, weil es keinen absoluten Bezugspunkt gibt, der eine unfehlbare Wahrheitsbestimmung zuließe. Wahrheit ist einzig in der Existenz verwirklicht und verifizierbar. Es gibt nur die Zeit in der sie lebt und gelebt, verstanden und akzeptiert und mit innerer Notwendigkeit empfunden wird. Will sagen, dass sich nicht nur die Zukunft fortwährend aus der unmittelbaren Gegenwärtigkeit verwirklicht, sondern auch die Vergangenheit mit der Aktualität zur Deckung bringt.

„Das Weltall ist ein Kreis, dessen Mittelpunkt überall und dessen Umfang nirgends ist", so Pascal. Ob das Universum nun tatsächlich

Ränder hat oder nicht, das geistige scheint dagegen keine Grenzen zu besitzen. Wissenschaft und Geist vermögen diese erlebte und erfahrende Welt als abstraktes mathematisches Informationsmuster zu speichern und in einem formalen System, einem Begründungszusammenhang von wahren Sätzen zu verifizieren. Wobei die Umgangssprache einer neueren Theorie, dabei meist die verfügbare Sprache der älteren Theorie ist. Doch die Sprache der Klassik war uns angeboren. Es war nur ein Prozess der Widerspiegelung und Rezeptivität. Die moderne Physik stellt die Kreativität nun selbst auf Probe. Denn was geschieht wenn wir mit ungeeigneten Passungsstrukturen in die (mikroskopische) Welt blicken, verdeutlichen die Paradoxien der Quantenmechanik. Weder unsere Sinnesorgane und die damit sich entwickelten Denkoperationen, noch die sie repräsentierenden mathematischen Muster sind und waren gänzlich auf diese seltsame Welt abgestimmt. Wir verstehen diese Welt einzig in der uns zugänglichen (klassischen) Sprache und genau deshalb erscheint sie uns so paradox.

Das schärfste Mittel der Erkenntnis ist das Misstrauen. Nach Bohr erkennen oder verstehen wir Natur niemals *an-sich*, sondern zwingen sie immer nur auf eine bestimmte Frage zu antworten, wobei dies eben auch komplexe Fragen wie etwa Theorien sein können. Eine neue Theorie funktioniert dabei genau wie ein mächtiges Sinnesorgan. Dies hat jedoch weitreichende Konsequenzen dergestalt, dass sich nun gewissermaßen der wissenschaftsgeschichtliche Weg verkehrt. Ging man früher von einer Wirklichkeit die es zu erkunden und formal einzufangen galt aus, also in der Regel in ein System von Differentialgleichungen zu zwängen, müssen wir diesem abstrakten Symbolen und Formalismen nun selbst eine bestimmte Wirklichkeit interpretierend *aufpfropfen*.

Realität ist gewöhnlich im (traditionellen) Raum und Zeit definiert, jedoch in der Regel nur in einem abstrakt mathematischen Raum darstellbar. Das Reale für uns im technischen Informationszeitalter ist nach Baudrillard das *Hyperreale*. Die Realität ist somit nicht mehr dem hyperrealen vorgelagert, sondern nimmt in den sich ausbildenden funktionalen Messabhängigkeiten dieses mathematischen Gewebes, selbst den Status des realen an. Diese Realitäten der Moderne wie Quantenfeltheorien oder Stringtheorien verkörpern grade das Reich dieses hyperrealen ohne oder mit zunehmend schwindendem Bezug, zu der als ursprünglich vorgelagert angenommenen Realität, aber eben mit der potenziell-schöpferischen Möglichkeit, Messungen oder Vorhersagen zu realisieren.

Ein Produkt einer sich ausbreitenden Synthese von kombinatorischen Modellen, das in einem Hyperraum ohne Atmosphäre emergiert. In diesem Übergang zu einem Raum dessen *Krümmung* nicht mehr dem Realen oder der Wahrheit, sondern einzig seinen Möglichkeiten folgt, öffnet sich eine Ära der Simulation und Liquidierung aller Referenziale. Die Substitution des Realen durch Zeichen gibt ein vielschichtigeres, geschmeidigeres und komplexeres Material ab, als der ursprünglich und als primär angenommene substanziell-materialistische Sinn. Aber es ist deswegen nicht sinnleer oder sinnlos, sondern als Teil der unendlichen Schöpfungsvielfalt ein denknotwendiges Potenzial zur Realisierung, durch die Mittel, Möglichkeiten und Methoden unserer Zeit.

Wissenschaft spricht nicht nur von der Erkenntnis der Natur. Es ist vielmehr ein rekursiver Dialog mit der Natur. Natur und Mensch lassen sich nur im Zusammenhang miteinander und in Abgrenzung voneinander verstehen und bestimmen. Wissenschaft ist also kein passiver Monolog, sondern ein konstruktivistisches Kapitel eines noch offenen Buches. Wobei jedes neue Paradigma auch einen neuen Dialog mit veränderten Fragstellungen, Konzeptionen und natürlich auch neuen Möglichkeiten eröffnet. Doch die Natur antwortet dabei nicht wahrheitsgemäß im Sinne eines Absolutismus, sondern nur entsprechend den Rahmen – und Randbedingungen.

Doch keine der Symbole der Lebenseinheiten steht auf einen einzigartigen oder bevorzugten Podest, der es eben erlauben würde mit absoluter Gewissheit zu schließen und zu folgern. Wenn uns die Zeit eins lehrt, dann das sie Wahrheit, Hoffnung und ein falscher Prophet zur selben Zeit ist.

Das Fehlen eines absoluten Ansatzpunktes verkompliziert im Allgemeinen die Dinge. Das Paradoxe dabei ist, das diese wissenschaftliche Entwicklungslinie dennoch grade zum *naiven* Realitätsbegriff führte. Doch an diesen Punkt der Evolution sind wir dazu genötigt den Autonomiegedanken, das heißt die Transzendenz der menschlich-kreativ-schöpferischen Gestaltungskraft offen auszusprechen. Denn wir wären nicht da wo wir sind, wenn wir nicht vor dem unnachsichtigen Urteil und scharfsichtigen Blick der Evolution und Natur bestanden hätten. Es gibt somit keinen Unterschied zwischen *natürlicher* und *kultureller* Evolution. Diese Unterscheidung ist nur eine perspektivische. Die Evolution überwächst sich an diesen Punkt nur selbst, also quasi von außen nach innen. Ansonsten durchforstet sie ein viel zu breites, blutiges, zeitintensives und immer nur willkürliches Spektrum an Möglichkeiten. Wohingegen wir viel zielgerichteter, stringenter und intensivierter – wenn gleich natürlich auch nicht frei von Irrtümern und Fehlern vorzugehen vermögen.

Doch wenn anderseits das Wahre erst das *Ganze* ist und somit keine Anpassung an die unermessliche Ereignisfülle möglich ist, so ist jede besondere Wahrheit die wir aussprechen auch ein Irrtum. Aber ein notwendiger ohne den wir schwerlich leben können. Ziel ist somit nicht die Wahrheit, sondern die Bestimmung der Grenzen der Wahrheit oder Wahrheitsfindung freizulegen. Wahrheit ist einzig in der Existenz, in ihren Konventionen, Verständnis, Paradigmen und Möglichkeiten begrenzt, erkämpft, beantwortet und entschieden. Wie jede Theorie ist auch jede Wahrheit zeitlichen Charakters.

7.2 Die Paradoxien der Naturwissenschaft

7.2.1 Das ontologische Paradox

Der Puls einer jeden Zeit schlägt nur als Phase. Dennoch wird in der Regel Wirklichkeit als eine sich begrifflich durchhaltende Perspektive, von erinnerter zur ausblickenden Gesamtschau konzipiert. Im Zuge dieses Erfassens wird jedoch das Geschaute, ja der Geist selbst vom *Werden* zum *Gewordensein* geführt.

Der Geist vertauscht in seinem mechanischen Weltbild das zeithafte Leben mit dem raumhaft Erlebten, versetzt die Zeit als Strecke in ein räumliches Weltsystem. Zustände die regungslos im *Sosein* zu verharren scheinen. Doch die starre Äußerlichkeit der Objekte zerfällt vor der Analyse in eine Unterzahl von Zuständen, elementaren Bewegungen und unzähligen Subsystemen, welche wiederum dynamisch am Ganzen teilhaben. Teile zerfallen, Gefüge brechen, Formen zerfließen und ergießen sich in einen endlosen Strom, der den Rhythmus von Wandel taktet. Heraklits Welt im ewigen Fluss und Wandel begründet das ontologische Paradox: Der ewige Konflikt zwischen Sein und Werden.

Die Kunst des Fortschrittes besteht nun darin, im Rahmen des Wandels Ordnung zu bewahren. Ideale gruppieren sich in der Regel immer um diese beiden Pole von Beständigkeit und Fluss. Im unausweichlichen Fluss gibt es etwas Bleibendes, in der überwältigenden Beständigkeit steckt ein Element, das dem Fluss entkommt. Beständigkeit wird dem Fluss entrissen und der vergängliche Augenblick kann die ihm angemessene Intensität nur durch seine Unterwerfung unter die Beständigkeit erreichen. Die vollendete Realisierung besteht nun nicht allein in der Exemplifikation dessen, was nach der Abstraktion zeitlos ist, sondern sie überträgt Zeitlosigkeit auf das, was seinem Wesen nach vergänglich ist. Das ewig *Währende* aber nie wirkliche *Seiende*.

Wir fassen stete Entwicklung nur in Perioden und in wandellosen Durchschnittsansichten zusammen. Das Werden auf seine

Hauptmomente aufzulösen, ergibt die bewegungslosen Ideen der bewegten Wirklichkeit, aus denen letztlich eine ganze Kosmologie emergiert. Die traditionellen Philosophien fassen das Sein im Wesentlichen als *Vorhandensein* auf. Doch das *Sein* lässt sich ontisch niemals auf ein Werden rückführen oder abstellen, indem nun gerade dieses Sein als Sieg über das Nichtsein erscheint. Man denkt sich, so Bergson „...alle Wirklichkeit auf dem Nichts, wie auf einen Teppich ausgebreitet. Erst das Nichtsein, dann das Sein durch Zuwachs hinzugekommen. So kommt man doch unvermeidlich zu der Vorstellung, dass das Nichtsein weniger enthalte und zweitens dem Sein vorausgegangen sein muss".

Die Griechen konnten die Zeit vernachlässigen, für sie war die Dauer eines Dinges nur Herabminderung. Veränderung nur Form einer Anstrengung zur eigenen Verwirklichung, welche auf dem Gipfelpunkt betrachtet, seine intelligible Form offenbart. Eine Wissenschaft dagegen, für die alle Momente gleichberechtigt sind, ist Dauer nicht mehr ein Moment, eine Verminderung der Ewigkeit, sondern der Fluss der Zeit wird selbst zur Realität.

Doch da die Mechanik von der Zeit auch nur aufnahm was für sie im Raume auseinanderlegbar war, also diese Zeit nichts schuf oder vernichtete, war somit der Ausgangspunkt stillschweigend der gleiche wie in der antiken Metaphysik: Die immanente Forderung alles sei gegeben. Die mechanische Erklärung bleibt also darin universell, dass man sie auf noch so viele Systeme zu erstrecken vermag; also mehr eine Methode denn Lehre darstellt. In Besitz jenes Werkzeuges, als ob die Anwendbarkeit keine Grenzen kenne, zum Zurücknehmen sei ja immer noch Zeit, wurde diese allgemeine Methode Regel und zum Grundsatz der Dinge gemacht.

So verband die Physik die Totalität der sinnlichen Welt umfassend, das Universum zu einem System von Punkten, deren Lage in jedem Augenblick durch die Beziehung zum vorhergehenden Punkt streng bestimmt sei. Dieser Zug widerspricht jedoch der Natur als einem Bilde, sondern repräsentiert die Geschichte dieses Bildes. Man verband mit Notwendigkeit das was in der Vergangenheit begann und webte ein Netz zeitlich kausaler Ordnung unter die Oberfläche. Die resultierende Änderung ist von nun an Wirkung. Aber die Wahrnehmung einer Änderung ist wiederum eine willkürliche Form der Anschauung, welche ein Gesamtmaß an metaphysischen Merkmalen vereint. Durch Konstanz und Verallgemeinerung wurde ein abstraktes Ideal geschaffen. Der Idee eines Seins, das sich ewigen Gesetzen von zeitloser Dauer unterwirft und im naiven Realitätsbegriff widerspiegelt.

Starre Formen wurden nur dadurch gebunden, dass man aus der Veränderung alles heraussaugte, was bestimmt oder bestimmbar ist. Doch worauf wurden die Formen aufgefädelt? Nicht auf die Bewegung selbst, sondern dem so gewonnenen negativen Attribut. Wir wissen worauf wir zählen können. Saugen Gleichförmigkeit und Wiederholung aus der Natur und damit unbewusste Anwendung des Kausalgesetzes. Der Geist lehnt es ab im Fluss der Dinge, in einer unvorhersehbaren Schöpfung zu leben. Die Grundform zur Beziehung der Welt der Dinge bleibt die Kausalität. Der sich ins fließend einbeißende Geist brachte zur Erstarrung was ihn berührte.

Doch Entwicklung und Leben besitzen Richtung und einmaliges Sein und jenes ist immer nur vom gegebenen Parameter Funktion in Hinblick auf den Abschluss und präsentiert sich immer nur in der Eigenschaft des *Gegebenseins* und nicht in der einer Vollkommenheit. Doch so, wie das Leben als Sinn- und Abbild von Kontinuität und kreativer Schöpfung sich dagegen wehrt lebendig einbalsamiert zu werden, fängt es sich doch selbst, als begrifflich-reflexives Abstrakt wieder ein. Analog wird so auch das Werden nun in seinem Sein verfüg – und verhandelbar. Und es braucht das Sein, die Erstarrung; kein Ziel könnte formuliert, kein Sinn gegeben werden. Der Mensch braucht in seinem geistigen Tiefendrang den Glauben an ein letztes Etwas, das sich denkend erreichen und kein Rest von Geheimnis mehr übrig lässt. Die Winkel und Abgründe der Welt müssen durchleuchtet sein. Nichts anderes kann ihn erlösen.

7.2.2 Das epistemische Paradox

Im Zuge dieses Autonomiebestrebens und Verwirklichungsdranges spricht sich jedoch nicht einzig das Leben (Mensch und Geist), sondern auch die Natur selbst aus. Natur und Geist haben sich vermischt. Beide Gefangener des anderen; in einem kreisenden Prozess sich verbrüdernd und einander ins Unendliche vorwärtstreibend. Der sich daraus ergebende Widerspruch begründet das epistemische Paradox: Die Interpretation des Seins durch es selbst. „Das Produkt dieser Selbstreferenz: Der Mensch als Spiegel und schaffender Rückblick der Natur auf sich selbst", so Schlegel. Doch steht er somit auch auf einer anderen Seite (Lorenz Rückseite des Spiegels). Er verleiht damit der Natur unvermeidlich ein neues Element, das unter wechselnden Einflüssen zu immer neuen Strukturen und Verzweigungen mit eigener Dynamik drängt. Somit müssen auch auf einer breiten philosophischen und wissenschaftlichen Ebene die selbstreferenziellen Wirkungsmerkmale des Lebens, als organisch konzipierte Wirkungs- und Funktionseinheit, nach Voraussetzung und Methode mit einbezogen werden.

Nicht nur der Geist verwirklicht das Mögliche, sondern die Natur verwirklicht sich ebenso durch ihn. Das Erlebte ist vom Erleben nicht zu trennen. So darf nach Scheler „... Person niemals als ein unveränderliches Ding, sondern vielmehr als die unmittelbar miterlebte Einheit des Erlebens und nicht ein nur vorgestelltes Ding hinter und außer dem Erlebten gedacht werden". Daher ist Person bereits selbst *Prozess*. Wie Nietzsche richtigerweise anmerkt, „... ist das Maß womit wir ermessen und messen, unser Wesen keine unveränderliche Größe und doch müssen wir uns selbst als ein festes Maß kennen um das Verhältnis irgendeiner Sache zu uns gerecht abschätzen zu können. Auf der anderen Seite hingegen wird oft die Tatsache bereitwillig unterschlagen, dass das, was uns Menschen Leben und Erfahrung heißt, selbst erst allmählich geworden ist, ja vielmehr noch völlig im Werden ist und deshalb nie als feste Größe betrachtet werden darf".

Nach Jaspers kann der Mensch nicht ohne das Pathos eines *Absoluten* existieren. So verbrauchte das Erkenntnisideal der klassischen Physik seine Ressourcen zyklisch, indem es jeweils seine ganze Konzentration auf das ihm vorstellig seiende *Ding-an-sich* lenkte, anstatt vielmehr die Aufmerksamkeit der Erkenntnis auf ihren Ursprung selbst zu richten.

Stattdessen schritt man – sich in einem steten Annäherungsprozess an eine ominöse, überzeitliche Wahrheit wähnend, von Grenzübergang zu Grenzübergang, von Weltbild zu Weltbild, stets mit derselben kindlich naiven Gewissheit sich im Hier und Jetzt einer ausgezeichneten Stellung und Perspektive zu befinden, bis die nächste Generation wiederum eines Besseren belehrt. Selbst mit dem Siegeszug der Moderne, die deutlicher als je zuvor die Unzulänglichkeiten ans Licht brachte; welche intellektuellen Anstrengungen wurden und werden nicht unternommen, um an dem Status quo und damit an dem klassischen Erkenntnisideal festzuhalten.

Somit wäre der auf die Einheit zielende Vergleichspunkt weit weniger der stoffliche Körper, als gerade das systemische Ganze selbst. Doch das Ich und Lebewesen bleibt sich etwas selbst Triviales, das Ganze hingegen nur eine seiner gedanklichen Konstruktionen. Dies verdeutlicht dass sich Erkenntnis nie einfach nur auf ein Subjekt oder Objekt abstellen lässt oder beliebig nach der einen oder anderen Seite hin gewichtet zu werden vermag, sondern dass schon die Vorrausetzung von Erkenntnis ebenso konträr ist. Und doch, so der gemäßigte Absolutismus, die geistige Form habe sich nach der wechselseitigen Aktion und Reaktion entwickelt, muss also von der Wesenheit der Körper und Welt selbst etwas mitteilen, muss irgendwie an das Absolute rühren. Doch wäre uns jemals der Gedanke eines Zweifels gekommen, wenn nicht die Philosophie und moderne Wissenschaft uns gezeigt hätte, zu welchen Widersprüchen dies führen würde?

Die Straßen durch die wir die Materie gezogen sehen sind gewöhnlich dieselben in denen wir kreisen. Doch eine *eins-zu-eins*

Abbildung der Natur aus dem Erkenntnisakt ist hingegen nicht möglich. Denn neben Konstanz und Repetition, die für den Erkenntnisakt vonnöten sind, erkennt sich der Intellekt vor allem erst primär reflexiv, eben durch seine auf die materielle Außenwelt gerichteten Akte und Denkoperationen. Doch damit der Geist Beziehungen zu den Erscheinungen erkennt, müssen diese gegeben sein, also aus der Kontinuität des Werdens herausgeschnitten sein und ist diese spezifische Art der Gliederung erst einmal gegeben, dann auch die des Intellekts.

Jedes Wesen zerlegt daher die materielle Welt primär in die Linien, die sein Tun in ihr einschlagen muss. Diese Struktur und Einteilung greifen ineinander, sie haben zusammen fortschreiten müssen. Die Kategorien der Erfahrung mussten sich genauso im wechselseitigen Kampf behaupten, sind primär also das Ergebnis eines Evolutionsprozesses, real und objektiv, da nicht nur für ein Subjekt, sondern für Subjekt und Objekt.

Ist epistemisch betrachtet erst einmal ein Medium als Träger vorgegeben, dann somit in der Regel auch die möglichen Formen. Das Medium ist dabei nicht die Ursache der Form, aber gewissermaßen die Voraussetzung. Da wir über mesoskopisch evolutionär ererbte Formen der Anschauung verfügen, müssen somit auch gewisse Medien wie etwa Zeit, Raum oder Substanz existieren. Aber diese sind evolutionär bedingt und nicht von universeller oder absoluter Natur, im Sinne von allgemeingültigen Naturgesetzen.

Somit ist die Loslösung von diesen klassischen Vorurteilen und Versinnbildlichungen ebenfalls ein evolutionärer und vor allem notwendiger, wenn auch umstrittener Prozess. Unser klassischer Lebensraum schrumpft, andersherum weitet sich dabei kontinuierlich der abstrakt-technische oder virtuelle Raum mit atemberaubendem Tempo, auch auf unseren sozikulturellen Lebensraum aus.

Alle Prozesse verlaufen im Raum, aber es ist nicht der Raum der sehnsüchtigen Ferne der zu uns spricht, sondern der Möglichkeit der Unterscheidung, der Inspiration, Interpretation, der

Darstellung und Wahrnehmung; ein Dialog in welchen mit einer darauf abgestimmten Empfindsamkeit empfängnisbereit geantwortet wird. Es ist der Raum der Lösungen und Loslösung durch den fortwährenden Prozess der Schöpfung und Wertschöpfung, der Verwirklichung in ein erstarrtes wehrhaftes Sein, das sich nun nicht mehr auszudehnen, aber zu kämpfen und verteidigen weiß.

Die so der Natur im Prozess des Erkenntnisstrebens abgerungenen Gesetze repräsentieren daher weniger eine objektiv reale Außenwelt in ihrem *Sosein*, als sie vielmehr auf die Organik von Beobachter und Außenwelt, auf das *Morphogen* dieses inneren Verbundes verweisen. Während wir uns also aufgrund dieser evolutionären Passungen mittlerer Dimensionen und Zustandsgrößen nie allzu weit, im naiven Sinne des Wortes von der Wahrheit entfernen, kann man anderseits am gänzlichen Versagen im unendlich kleinen wie großen oder relativistischen Bereich, dort wo der Intellekt keinen oder nur partiellen Zugang hatte, viel lernen wie der Geist die Aufgabe bewältigt oder nicht. Auf der anderen Seite stellt wiederum gerade diese Kehrseite, die eigentliche Herausforderung an die intellektuelle und technische Schöpfungskraft dar und zwar dort, wo die Intuition und Deduktion in unergründliche Tiefen nur noch durch ein unerschütterliches, formalistisches Regelwerk konstruktiv zu tragen vermag.

7.2.3 Das methodologische Paradox

Jeder Philosoph und Naturwissenschaftler bleibt letztlich gezwungen an das Dasein eines Etwas zu glauben, ob im Sinne von Entitäten, feldähnlichen Konzeptionen, Ordnungstypen oder Symmetriestrukturen, welche sich ihren Sinnen nach verstandesgemäß behandeln lassen. Die Idee einer objektiv erschließbaren Wirklichkeit, die sich im Wesentlichen im naiven Realitätsbegriff widerspiegelt, ist somit die Grundannahme und Motivation allen wissenschaftlichen Handelns.

Mag der Realitätsstreit nicht erst mit dem Ein- und Siegeszug der modernen Physik begonnen haben, so zeigte sich dieser aber zum ersten Male in seiner ganzen zerstörerischen Wucht und damit zum methodologischen Paradox: „Philosophie ist der auf die Totalität der Dinge gerichtete, interpretierende und schöpferische Blick. Das bemerkenswerte bleibt hingegen nicht der Schrecken vor der Unermesslichkeit, damit der Unmöglichkeit der Aufgabe, sondern liegt gerade in der Idee selbst, welche eine Wirklichkeit bereits *voraussetzt*", so Rosset.

Während in der uns alltäglich beggnenden Objektwelt gewöhnlich keinerlei Zweifel bestehen, darüber was als wahr oder wirklich angesehen werden darf, besteht unausgesprochen im wissenschaftlich-technischen Bereich, keine andere als auf das Experiment und Messen abzuzielende Verifikation, in welcher die Klassik eben den Beobachter außen vor lässt, die Moderne mit einbezieht. Aufgrund der einsetzenden Erfolge von Voraussage, Experiment und Beobachtung, siegte so der Glauben an das statische Sein über das Werden, wurde die äußere Wirklichkeit unabhängig vom Beobachter und die relationalen Strukturen, unabhängig von den der Objekten intrinsischen Eigenschaften aufgefasst. Der Mensch und Beobachter tut – der Physiker muss es: Das Erlebte losgelöst vom lebendigen Akt des Beobachtens mathematisch erschöpfend behandeln.

Alle Wissenschaft ist hypothetisch, zielt aber ihrem Wesen nach direkt auf Realität. Trotz dieses eigenwillig anmutenden Aspektes wurde auch nie ernsthaft versucht, einen einheitlichen Realitätsbegriff zu definieren. „Gerade der Begriff der Wirklichkeit ist vielmehr ein freier denn ein streng umrissener, der mehr den Ländergrenzen ähnelt, die sich fortwährend verschieben", so Carnap. Er besitzt Validität immer nur bezogen auf eine Theorie, wie sie etwa durch das geistig-technische Klima, das Paradigma einer Zeit und seiner Kultur umrissen und unterstützt wird. Das Rutherfordsche Netz mit welchem man sich die ertragreichste Beute erhofft, dessen Maschen willkürlich nach

Dimension, Maß und Tiefe geknotet werden, wird über die Welt geworfen. Infolge des steten Wandels aller Theorien und Weltbilder kann somit jedoch der Realitätsbegriff offensichtlich nicht als der erhoffte Anker und Fels im Meer der Perspektiven und des Wandels fungieren, da es eben kein übergeordnetes Prinzip zur Entscheidung oder Verifikation gibt. Erst der Akt des Messens entscheidet, welcher jedoch wiederum unmittelbar von der Theorie getragen und vorbestimmt wird.

Versuchte die Mechanik das Naturbild auf möglichst einfache, quantitative Formeinheiten zurückzuführen, welche ein kausales auffassen, kurz mechanische Unterscheidung gestattete, so ist die geistige Besitzergreifung durch Messung somit genötigt, das Wesen der Erscheinungen in einem System konstanter, der Messung restlos zugänglicher Elemente zu suchen, wobei eben oft nur die Anzahl der Einheiten von Interesse ist und nicht das Wesen selbst, von dem man kaum eine Vorstellung hat. In diesem Sinne ist Naturerkenntnis eine messende Tätigkeit.

Separabilität ist die Voraussetzung für Untersuchungen jeglicher Art. Doch keine Theorie kann voraussetzungsfrei arbeiten. Annahmen und Prämissen bestimmen immer auch über die Folgerungen einer Theorie, obgleich es immer eine zweigleisige Relation bleibt, in welcher das Ende in der metaphysischen Gesamtreflexion zum Ursprunge schaut, letztlich also die Formen sich angleichen. Es gibt keine maßgebenden Ursachen, sondern immer nur ein komplexes Bedingungsgefüge das sich fortwährend verschiebt und neu gewichtet wird. Wir mitteln gleich wie weit wir verallgemeinern oder spezifizieren, immer nur über einen zu engen Rahmen, ein bestimmtes oder bestimmbares Spektrum. Wir messen nie Natur an sich, nie absolute Größen.

Das Reale kann dabei sehr wohl einer teilbaren, de facto aber ungeteilten Kontinuität entsprechen. Nach Weyl gerät man nur in Widerspruch eines Kontinuums, wenn man seine Teile als schon vorausgesetzt denkt. Die daraus herausgeschnittenen Systeme und Objekte wären dann keine Teile im eigentlichen Sinne, sondern mögliche Teilansichten des Ganzen. Mit diesen Stück an Stück gelegten oder gereihten Teilanschichten, welche ohnehin schon so etwas wie einen fertigen Bauplan voraussetzen, wäre dann aber nicht einmal im Ansatz Wiederaufbau geleistet, „… so wenig wie eine vertausendfacht photographische Aufnahme seine Stofflichkeit widerspiegelt", so Bergson.

Nach Lyre fordert die Trennbarkeit der Objekte per se eine Trägerstruktur zur Indizierung oder Darstellung der Vielheit. Trennbarkeit bedeutet daher typischerweise raumzeitliche Separation. Trennbarkeit fordert jedoch nicht nur einen metaphysischen Träger, sondern die Zerlegung in oder eines Objektes statuiert im Allgemeinen eine Wechselwirkungsbeziehung. Sie ist gewissermaßen der Reparaturmechanismus zwischen diesen Teilen zur Ganzheit, wenn man so will also eine Art inverses Noether Theorem. Diese raumzeitlichen Relationen als Gesamtgefüge parametrisieren dann die Wechselwirkungen.

Darüber hinaus muss man sich auch eingestehen, dass es Lücken und Zusammenhanglosigkeit gibt, eben nicht alles Eins ist. So reichen etwa Maßverschiedenheit nicht Unterschiede aus um eine Gruppe zu definieren. Mit anderen Worten: Nicht der Besitz der Eigenschaft, sondern die Tendenz zu ihrer Akzentuierung, die nur eine Bestimmung von Zentren ermöglicht, um welche die spezielle Form kristallisiert. Man nähert sich an bis die Theorien versagen, denn in Wirklichkeit sind wir ohnehin gezwungen, uns einem Problem nach dem anderen zu stellen, in Begriffen, die aus diesem Grund eben nur vorläufige sind; somit wird jedes Problem einer Zeit durch Lösungen nachfolgender korrigiert.

Wissenschaft hängt darüber hinaus als Ganzes von einer rückkoppelnden Ordnung ab, einer Symbiose, welche weit mehr einen eigendynamischen Prozess und Wesenszug in sich trägt, als der abgerundete historische Blick auf die Naturgeschichte, welcher eben zum Glauben verleitet, entlang durch ein Nadelöhr aufgespannten und sich abrollenden Fadens, zu immer genauerer und tieferer Erkenntnis zu schreiten und damit zu verallgemeinernden Erklärungen des Weltgeschehens.

Ist nicht endlich der Zeitpunkt gekommen zu fragen wie es möglich ist, dass derartige Erfolge wie sie die Wissenschaften zu vollbringen wissen, welche fortwährend von den Beobachtungen gestützt werden und dennoch im unerklärlichen Gegensatz dazu, kaum eine Handvoll Jahrhunderte mathematischer Wissenschaft und kein Gesetz oder Formalismus, die nicht nur einer Politur, sondern einer gänzlichen Revision bedurften? An Stelle von Substanz ringen nun Ordnungen und Symmetrien, also Strukturen um Gunst und Vorherrschaft. Gewissermaßen wird in wiederkehrenden Zyklen das Feld von Platon zu Aristoteles wieder aufgerollt.

So liegt der Vorzug als Letztbegründung des Realitäts – oder Substanzbegriffes im Allgemeinen immer im Subsystem begründet. Wechselwirkungen werden durch Quantenfeldtheorien beschrieben. Doch in jenen verliert der Teilchenbegriff wiederum gänzlich seinen Sinn und Anwendung. Niemand weiß, was die eigentlichen Objekte der Quantenfeldtheorien tatsächlich sind. Es liegt daher die Vermutung nahe, dass sie einzig auf den jeweilig interessierenden Energiebereich zu geschnittene Messwahrscheinlichkeiten repräsentieren.

Doch will man die grundlegendste Naturtheorie nicht nur als ein rein mathematisches *Berechnungsmodel* interpretieren, muss die Frage gestellt werden, warum die *QFT* denn eigentlich funktioniert, wenn sie doch nichts Reelles im klassischen Sinne mehr darstellt und doch auf der anderen Seite grade Realität erzeugt. Die Antwort liegt in einer konstruktivistischen Naturtheorie, basierend auf einer Ontologie-Epistemologie Äquivalenz. Nicht nur Teilchen, Felder und Kräfte verschmelzen dort, sondern auch virtuell und real. Das heißt Mathematik und Physik.

Der Erfolg der Mathematik in der Wissenschaft fußt grade auf der Anwendung der Zeichen und Symbole. Zeichen sind der realen Welt nicht nachgestellt, sondern wirken als Potenziale für eine Realisierung. Epistemologie und Ontologie bezeichnen oder beziehen sich nicht auf getrennte Welten, sondern nur auf verschiedene Referenzen. Im Grunde ist das, was wir als Quantenvakuum bezeichnen, bereits eine solche vielschichtige Struktur potenzieller abstrakter mathematischer Teilungen oder Abgrenzungen. Ein Prozess der irgendwann mit der Klassik begann und sein vorläufigen Höhepunkt im *Standardmodel* fand.

Materie ist somit einfach ausgedrückt nur eine Möglichkeit etwas zu empfinden. Anderseits ist Information nach Landauer physisch. Somit gehört Substanz in Form von möglichen oder potenziellen und einer Messung zugänglichen Teillungen einzig dem Paradigma seiner jeweiligen Zeit. Auch nach Schopper müssen wir Abschied nehmen vom materialistischen Weltbild, das auf letzten unzerstörbaren Materiebausteinen beruht und müssen es ersetzen durch eines, das auf ideellen Begriffen basiert: „Wenn man von einem Quark redet, ist dies nichts anderes als ein Kürzel für einen sehr komplizierten Anregungszustand eines Feldes, das nichts materielles im eigentlichen Sinne mehr ist". Sinngemäß äußert sich auch Zeilinger: „Der quantenmechanische Zustand eines Systems ist nicht ein Feld oder sonstige Entität, die sich in Raum und Zeit ausbreitet, sie ist lediglich die Darstellung des Wissens, das wir über die physikalische Situation haben können". Man darf die beiden Elemente Information und Wirklichkeit nicht trennen. Der Hilbertraum ist dabei das Wissensbehältnis und Bühne der Psi-Funktion.

Mit dem Fehlen einer universellen Trägerstruktur (Substanz) oder raumzeitlich separablen Disjunktion (Teilchen), welche spätestens in der Quantenchromodynamik ihren Sinn verlieren, da zur Separation stets mehr als die Massenenergie hineingesteckt werden muss und dies unmittelbar zu neuen Teilchenerzeugungen oder Transformationen führt, müssen wir insofern mit Heisenberg argumentieren, dass wenn es die Symmetrie – und Erhaltungssätze erlauben, alle Teilchen aus allen anderen bestehen.

Man wird sicherlich an dieser Stelle einwenden, wie sich dann Wirkungs- und Streuquerschnitte erklären, insbesondere *Frontaltreffer* mit großen Rückstrahlwinkeln. Doch auch hier gilt, wir sehen nicht was *wirklich* passiert, sondern nur die klassischen Auswertungen der Fotoplatten und Nebelkammern. Es ist kein Treffer an einem *festen* Target, sondern Materie oder Substanz ist selbst ein komplizierter Wechselwirkungsprozess. Nicht nur Begriffe müssen anhand ihrer Grenzen verstanden werden, sondern auch Gesetze und Theorien und nicht zuletzt der Realitätsbegriff selbst. Alles was wir letztendlich erhalten sind in der Tat *nur* konstruktivistisch zugeschnittene Messwahrscheinlichkeiten und keine reinen ontischen oder epistemischen, sondern immer nur *epistemisch-ontologische* Aussagen.

Somit ist es an der Zeit an den Prämissen und erreichbaren Zielen der traditionellen Metaphysik zu rütteln. Glaubt man sich ernsthaft auf dem Pfad einer ewigen Wahrheit? Doch wo soll diese entspringen wenn nicht aus ihrer eigenen Mitte? Glaubt man die großen Geister ihrer Zeiten verstanden sich nicht darauf, die Zeichen ihrer Zeit richtig zu deuten? Vielmehr weil sie gerade in und durch ihre Zeit so erfolgreich waren, mussten sie genau aus diesem Grunde an der Ewigkeit scheitern. Es darf sich nicht der fatale Fehlschluss andrängen, auf ein omnipräsentes Licht am Ende des Tunnels zuzusteuern, dessen wenn es erst einmal erreicht, alles in seinem Schein und Glanz erhellt. Das ist konstitutiv nicht der Fall. Vielmehr sind als diese intelligiblen Resonanzen der Natur wir es selbst, die das Alte mit dem Neuen verbinden. Auch Nietzsche sieht das Große im Menschen ebenfalls in der Tatsache, dass dieser eine Brücke: Ein Übergang und kein Untergang ist.

8 Die epistemisch-ontologischen Voraussetzungen und Fehlschlüsse der Quantenphysik

8.1 Das Weltbild der Organistik

Die Grundgedanken der Physik lagen schon im frühsten religiösen Weltbewusstsein unserer Kultur. Der Übergang von Religion zu Wissenschaft ist nur ein anthropomorpher zur Wahrheit, die dogmatisch gesetzt wird, keine Steigerung sondern Schärfung und Eingrenzung. Ein Weltbild schmiedet die Wahrheit gewöhnlich in Ketten, doch wäre der Mensch ewig, so würde er vor sich die Geschichte, die Evolution der Wahrheit wahrnehmen.

Evolution ist Schöpfung und dieser Schöpfungsprozess bringt sich im Ziel eines begrifflichen Strebens zum Ausdruck. Doch damit verkörpert unsere so erfahrende klassische Welt nur einen (möglichen) Entwicklungsstrang, sprich ein *Gewordensein*. Ein sich aus der Potenzialität des Schöpfungsprozesses verwirklichter Zug der Natur, der selbst noch beständig wird und kann somit folglich nur aus den Bedingungen der *Schöpfung* und nicht aus diesem *Gewordensein* heraus abgeleitet und (reduktionistisch) zusammengesetzt werden.

Es ist eine Realisierung die auf Zeitgewinn abspielt, denn erst diese Art von starren oder stabilen Sein ermöglichen die eigentlichen Auslösefunktionen des Lebens und damit eines verstehenden Seins. Es entwickelt sich nicht nur ein Gedächtnis, aufgrund dessen jede Wirklichkeit nicht fortwährend neu erfahren werden braucht, sondern ermöglicht prinzipiell erst so etwas wie das Konzept von Realität und fördert damit nicht zuletzt eine Wissenschaft, als ein instrumentelles Konzept dieser Verwirklichung. Wirklichkeit als ein Ideal und Potenzial zur Selbstentfaltung. Realität als kulturelles Produkt das auf Erhaltung, Nutzbarmachung und Verwirklichung zielt.

Der Sinn des Lebens besteht nun grade darin diesen Prozess zu leben, das heißt, diesem Prozess reflexiv Sinn und Richtung zu geben, das heißt Möglichkeiten freizulegen oder sichtbar zu machen, um im so enthüllten und verstandenen frei zu bleiben für die Möglichkeiten im Entwurf auf das eigenste *Seinkönnen*. Die Evolution evolviert. Sie überwächst sich selbst. Der Prozess der natürlichen Evolution wird nicht mit dem verstehenden Dasein einfach abgeschnitten, sondern autonom selbstausgerichtet fortgeführt. Zielgerichteter, stringenter, weniger Zeit intensiv.

Doch auf Grund der Größe und Autonomie seiner Gedanken macht sich der Mensch oftmals gänzlich falsche Vorstellungen von seiner Rolle im Universum und im Evolutionsprozess. Dieser reflexive Erkenntnisprozess ist vielmehr nur das Mittel und Methode, um in seinen eigenen Prozess einzugreifen und so die Voraussetzungen schafft, um sich selbst überwachsen zu können. Der Mensch verkörpert in diesem Sinne nur eine universell-intelligible Resonanz.

Aus der Vogelperspektive stellt dieser Prozess jedoch weit mehr einen rückgekoppelten und eigendynamischen Prozess dar, als uns bewusst und lieb sein könnte. Gesellschaft, Kultur und nicht zuletzt Wissenschaft bilden ein ineinander verzahntes und rückgekoppeltes systemisches Ganzes und Regelwerk aus. Es gibt keine isolierten Systeme oder Entwicklungen, die unabhängig voneinander evolvieren und fortschreiten. Wissenschaft als ein übergeordnetes Kristallisationsgebilde, ein reflexiver Diskurs in welcher fortan Technik, Kultur oder Gesellschaft nun selbst als Auswähler fungieren.

Und doch, mit der derselben dogmatischen Haltung wie die Religion über frühere Zeiten das Muss und Maß autoritärer Instanz beanspruchte, offenbart nun Wissenschaft als Leitfaden für den modernen Kulturmenschen ihre Wahrheiten. Doch auch Wissenschaft besitzt eine begrenzte Lebensspanne, wie einst die Religionen selbst. Es bleibt somit weder der Wissenschaft noch der Philosophie vorbehalten, als Fallbeil für Wahrheit scharfzurichten, noch können sie selbst dogmatisch von der Tradition her übergeben werden, sondern einzig durch die Erfordernisse und Bedingungen einer bestimmten Phase, wie sie etwa durch das Paradigma einer speziellen Epoche und Zeit repräsentiert werden, ausgerichtet, bewältigt und überwältigt werden.

Die Zumutung dieser Kritik besteht also in der Feststellung, dass die menschliche Subjektivität demnach nicht nur ein konstitutiver Teil dieser Welt, sondern selbst nur eine ihrer zufälligen Realisierungen verkörpert. Der Mensch ist Element und Träger der Welt. Wir existieren nicht in einer unabhängig von unseren eigenen Verwirklichungen losgelösten Naturwelt, die wir erkennend erleben, sondern entspringen derselben Quelle, erlebt und gelebter *Möglichkeitsstrom*.

So versuchte Spengler eine universelle Form – und Symbolsprache zu finden, indem er gerade die Form und nicht die Substanz, den organischen vom mechanischen Welteindruck und das einmalig wirkliche vom beständig möglichen trennte. Natur verwirklicht sich gleichermaßen durch uns, wie wir autonom mit Hilfe der Wissenschaft unsere Welt verwirklichen und damit nicht zuletzt uns selbst.

Wissenschaft wechselwirkt durch das Besitznehmen, Sichtbarmachen und Ergreifen des sich darstellenden Möglichkeitsraumes – und Flusses. Unmittelbares Ziel bleibt dabei die Erkenntnis der eigenen Freiheit, um sich endlich jenes Häufchen Mutes zu bedienen und unser eigenes Denken zu denken. Das Besitzergreifen eines eigenen, eines möglichen und gewollten Schicksals, das einzig diesen Zweck dient: Die Beherrschung dieser Gegenwelt. Erkennen ist Bannen und Freisetzung. Etwas beim Namen nennen heißt Macht darüber gewinnen. Die Einzelwesen als Typus dieses *Menschseins* sind dabei ihren Wesen nach den Pflanzen verwand, denn sie bleiben ihr Leben lang an den geistig kulturellen Boden gebunden auf dem sie Gedeihen.

Der moderne Mensch empfindet und denkt wie er denken muss, was als Bild seiner Welt in die er geworfen und mit ihm geboren wurde, für ihn wahr ist. Wahr bezeichnet daher nicht wahr *an-sich*, sondern einzig für eine Stilperiode gegenwärtiger Geister. Wahrheit kann somit nicht mehr als eine überzeitliche, sondern muss als eine nach den tendenziellen Ausrichtungen einer Phase hin analysierte Verfügbarkeit interpretiert werden. Sie lässt sich nicht wie noch bei Kant auf ein Subjekt zurückführen, dass durch Anwendung von feststehenden Kategorien das Seiende bestimmt. Wahrheit wird prozessual verwirklicht. Wahrheit ist in der *Existenz*.

In diesem Sinne beziehen sich letztlich alle Gesetze der Physik auf realisierte Möglichkeiten. Man kann diesen spezifischen Prozess also entweder unter dem Gesichtspunkt eines zu verwirklichenden Ideals betrachten, oder man kann die Vorstellung eines Ideals als ein Moment ansehen, das sich in jeder beliebigen Phase des Prozesses durchsetzen kann und ihr als subjektives Ziel dient. Ein organisch konzipiertes Universum muss gerade so gedacht werden, dass es selbst seine eigene Freiheit, seine eigene Notwendigkeit und seine eigene Vielfalt von Gegensätzen aktiv zum Ausdruck bringt, welches auch in der zusammengesetzten Vielheit von Elementen individueller Selbstrealisierung, als eine Einheit verbleibt. Man muss weg vom Seienden als Zustand, hin zum Sein als Verhalten und dessen Bezügen, in denen die eigenen Mittel und Methoden in enger Korrelation zu ihren Konkretisierungen stehen. Es gilt daher nicht der zeitlichen Wirklichkeit zu entreißen, was der Ewigkeit isomorph sei, sondern die *Umwandelung*, der Fluss von Energien und Formen muss selbst zum Thema werden.

Die Metamorphose ist nach Goethe der Schlüssel zu allen Zeichen der Natur. Es ist eine Welt der Übergänge und Wandlungen, welche als ein organisches Prinzip verstanden, systemisch zu umgrenzen und prozessual zu beschreiben ist. Sein heißt primär Prozess und nicht *Vorhandensein*. Der Begriff des Organismus ist dabei eng mit dem des Prozesses verbunden. Jedes wirkliche Einzelwesen oder Ereignis lässt sich nämlich nur als ein organischer Prozess beschreiben. Der Prozess begründet dabei die Eigenschaft des Produktes und umgekehrt enthüllt die Analyse des Produktes immer den Prozess. Ein Prozess der von Phase zu Phase fortschreitet, wobei jede Phase die reale Grundlage bildet, von der aus ihr Nachfolger auf die Vervollständigung strebt. Anderseits entzieht es dieser geschichtlichen Entwicklung aber auch einer rationalen Erklärung, da sie einen besonderen Fluss von teilhabenden Formen zum Vorschein bringt, für den kein immanenter Grund angegeben werden kann, warum sich gerade dieser oder jener durchgesetzt hat.

Die auf dem Prozess der Selbstschöpfung ruhende Struktur bedingt dabei grade das, was wir vage und schlecht umrissen mit Potenzialität, als schier unerschöpfliches Pendant zur Essenz der Substanz zu umschreiben versuchen, dass das Seiende über diesen Proportionalitätsfaktor mit dem Werden korreliert. Aber jedoch eben nicht so, als hafte es der Essenz etwa wie Farbe an, sondern sie ist dem Prozess immanent. Dies wollte im Grunde Whitehead ausdrücken „… dass es eine metaphysische Eigenschaft allen Seienden ist, ein Potenzial für das Werden zu sein". Potenzialität ist eine Ressource der Evolution. Realisierte Potenzialität ist somit immer auch Richtung. Sein bezeichnet daher eine Strukturganzheit, die ein Potenzial auf ein mögliches Seinkönnen als Konstitutivum bereitstellt. Sein also folglich besagt: Sich selbst in die Existenz bringen.

So fordert der Pfad der klassischen Physik Erstursachen, Kausalität, Determiniertheit, ein mechanisch-reduktionistisches Weltbild, basierend auf elementaren nicht weiter zerlegbaren objektiven Entitäten. Worauf man also in Folge des Siegeszugs der Moderne stolperte war nicht eine *präexistente* Quantenwelt – eine Mechanik objektiver Mikroeinheiten, sondern die Unmöglichkeit auf einer elementareren Ebene, Naturvorgänge oder Gesetze unter Wahrung klassischer Annahmen zu beschreiben und zu formalisieren.

Damit ist die Zeit reif für den Umbruch, den Bruch mit den Traditionen. Die organistische Philosophie ein Gedanke also, eine Idee die nicht zwingend in eine Epoche fällt, sondern Epoche macht. Dieser Gedanke ist bereits schon unbewusst im Denken aller und intuitiv greifbar, gleichsam sie ihn noch nicht gewagt haben auszusprechen. Dieser Gedanke gehört nach Spengler der ganzen Zeit die ihn aufnimmt, in welcher er gedeiht und ist allein die zufällige private Fassung, ohne die es eben keine Philosophie gibt. Ein Versuch die der Welt zu Grunde liegenden Strukturen als ein sich selbsterschaffendes und erhaltendes System zu verstehen.

Natur ist somit immer auch ein natürliches *Reset*: Evolution. Natur kann folglich nicht etwas außerhalb und unabhängig vom menschlichen Dasein sein. Wir müssen diesen eigentümlichen Aspekt als eine epistemisch-ontologische Grundlage der Weltschau und Gestaltung verankern. Es kann somit kein Übertritt zu einer Welt *an-sich* geben, da Welt ein rein wechselseitiger Bestimmungsbegriff ist, außerhalb dessen jedwede Sinnbezüglichkeiten verloren gehen, also Objekte weder dem Dasein noch der Sprache vorausliegen, sondern eben erst im *verstehenden Sein* wirklich sind, unabhängig davon wie jede Zeit auch immer geneigt ist, entsprechend ihrem geistig kulturellen Klima, Objekte, Wirklichkeiten, Gesetze oder Strukturen zu formalisieren.

Die meisten Philosophen interpretieren jedoch die physische Welt im Wesentlichen unabhängig von der geistigen, obwohl die beiden Welten in schlecht definierbaren akzidentiellen Beziehungen zueinander stehen. Nach der organistischen Philosophie sind jedoch geistige und physische Vorgänge untrennbar miteinander verflochten. So fasst die Klassik den Realitätsbegriff als einen unverrückbaren Fels und Anker auf, auf dessen Schultern Akzeptanz oder Ablehnung einer Theorie lasten. Die realistischen oder Substanzphilosophien interpretieren daher den Gang der Wissenschaftsgeschichte im Wesentlichen als eine sich fadenförmig abrollende Entwicklung, hin zu immer tieferer, umfassender und allgemeinerer Erkenntnis, ausgehend von der immerwährenden Täuschung sich im Hier und Jetzt einer ausgezeichneten Phase zu befinden. Der klassische Realitätsbegriff gleicht somit eher einer fraktal zerklüfteten Felswand mit unzähligen Vorsprüngen und Ausbrüchen, welche sich so gegen das erklimmende Subjekt absichert.

Der Prozess der Erkenntnis wäre also kein sich wechselseitig bedingender und konstitutiver Akt, sondern würde eher den Weg entsprechend der Topologie und den damit einhergehend notwendigen Zurüstungen dieses Subjektes nachzeichnen. Doch im Spiegel der Zeit scheinen wiederum alle Theorien und Weltbilder zu zerbröckeln. Man fühlt sich gewissermaßen an den Sisyphos Mythos erinnert. Die Akzeptanz des organistischen Prinzips ist dabei jedoch keine Kapitulation vor der Aufgabe, sondern Motivation ungeahnten Ausmaßes, welche sich eben nicht darin erschöpft zu entziffern, sondern selbst zu schöpfen, nicht darin beschränkt zu erkennen, sondern auch zu erkennen wie wir erkennen, um somit selbst wiederum neue Orientierungsfunktionen auszulösen und so zu fortwährend neuen strukturellen Kopplungen und operationalen Kohärenzen zu dringen; um der Welt wieder einen neuen Anstrich, eine neue Nuance zu verleihen, die weder die Klassik noch die Moderne auf ihrer Farbpalette hatte.

8.2 Ist Wirklichkeit relativ?

Zum ersten Male in der Wissenschaftsgeschichte haben wir also mit dem Aufkommen der Quantenphysik so etwas wie einen Vergleichspunkt für Realität, nicht nur den Präzedenzfall Klassik, nicht die abstrakte ferne Wirklichkeit der allgemeinen Relativitätstheorie, welche ohnehin kaum auf Essenzen oder Entitäten abzielt, sondern etwas für uns ganz nahes, ganz unmittelbares und greifbares: Der Stoff aus dem wir selber sind, etwas das wir in den Händen halten und entgegen aller damit verbundenen Schwierigkeiten messen können.

Besitzen wir also tatsächlich (wenigstens) zwei voneinander unabhängige Wirklichkeiten oder doch nur so etwas wie eine übergeordnete Wirklichkeit, derer uns jedoch verschiedene Beschreibungsweisen abverlangt? Interpretieren wir Wirklichkeit also von nun prozessual, Kontext – und Subjektabhängig, sowie jeweilig auf unser zeitlich vorherrschendes Paradigma abgestimmt? Lenken wir unsere Aufmerksamkeit von nun an mehr auf die relationalen inneren Zusammenhänge, statt Realität als einen unverrückbaren Fels in der Brandung anzusehen? Benötigen wir ein geeignetes Übersetzungsprinzip zwischen Klassik und Quantenmechanik oder führen wir das eine auf andere zurück? Denn in jedem Falle setzt die Quantenmechanik evolutionär bedingt, daher epistemisch schon die Klassik voraus.

Es verhält sich im Grunde analog zu dem Zwillingsparadoxon der Relativitätstheorie. Dieses Paradox (Vergleichbarkeit von Zeiten zweier Inertialsysteme; hier also zweier Zwillingsbrüder) fußt dabei grade auf der falschen Prämisse einer *absolut* existierenden Zeit. Doch so wie nun auch zwei verschiede Inertialsysteme zeitlich verglichen werden können, sofern diese lorenztransformiert werden, so lässt sich gewissermaßen auch der Wirklichkeitsbegriff der Quantenphysik und jener der Klassik (zumindest auf phänomenaler Ebene) vergleichen, sofern man eben das Komplementaritätsprinzip anwendet. Doch der Wirklichkeitsstreit wird andererseits natürlich auch nicht mit der Entscheidung ob Welle oder Teilchen behoben.

Das klassische *Sein* ist ein Sein abgesehen von seiner Entstehung, Umgebung und seinen Bedingungen die es konstituieren. Im Gegensatz dazu beruht der quantenphysikalische Prozess auf ein komplexes, wechselseitig aufeinander bezogenes und ganzheitliches Bedingungsgefüge, aus welchen der halbklassisch injizierte *Impuls* ein Momentum des Werdens abschöpft.

Mit anderen Worten: Klassische Größen werden erkannt und verifiziert, während mikroskopische unter entsprechenden Rahmenbedingungen realisiert oder geschöpft werden. Wobei jedoch beide Welten, Größen und Wertsysteme sich wechselseitig bedingen und bedürfen. Es gibt letztlich – biologisch und historisch geschuldet, weder mikroskopische, noch kosmische ohne makroskopische Größen und Systeme. Wir schauen primär immer mit klassischen Augen auf die Welt. Um mit Whitehead zu sprechen: Das Datum der abgeschlossenen und entschiedenen Welt ist mit begrenzten Perspektiven analysierbar, für welches die entsprechenden zeitlosen Gegenstände sorgen, also unser gesamtes biologisches und darauf fußend, begrifflich intellektuelles Erbe.

Gleichwohl muss letztlich doch die Frage gestellt werden, unabhängig davon ob sich dies jemals mathematisch präzise ausformulieren lässt: Ab wann ist ein mikroskopisches ein makroskopisches Objekt? Wenn die Masse oder allgemein physikalische Eigenschaften groß genug gegenüber der Planckkonstante werden? Wenn das Gesetzt großer Zahlen zum Tragen kommt? Wann immer die Wahrscheinlichkeit der Dekohärenz steigt? Denn streng genommen zielt eine wellenmechanische Beschreibung nicht nur auf die innere Potenzialität eines Objektes, sondern auch auf seinen strukturell-relationalen Verbund, in welchen es eingebettet ist. Die Möglichkeit des konstitutiven Wechselspiels oder der Transformation zwischen Information (Wissen) und Energie (Substrat) ist mit dem Auftreten von Dekohärenz auf makrophysikalischer Ebene wohl nichtmehr gegeben.

Die Antwort lautet also rein pragmatisch: Wann immer (quasi) Beobachterunabhängigkeit vorherrscht, also das Objekt individualisiert und als grade unabhängig von seinen Strukturverbund betrachtet werden kann. Andersherum ließe sich natürlich auch hier der Spieß einfach umdrehen, in dem man sich eingesteht, dass grade Beobachterunabhängigkeit eine viel zu starke oder genauer, viel zu abstrakt idealisierte Forderung hinsichtlich einer Wirklichkeit ist.

Doch so könnte anderseits auch die Frage aufkommen, da wir ohnehin gezwungen sind alle Prozesse in Ermangelung geeigneter Begrifflichkeiten, Anschauungen oder Denkweisen immer nur quasi klassisch darzustellen; warum also nicht gleich den Wirklichkeitsbegriff der Klassik absolut setzen? Dieser Einwand übersieht jedoch, dass wir uns eben nicht nur altbewährter klassischer Begriffe und Anschauungen, sondern uns zu einen guten Teile eben auch der Mathematik, also grade der Lehre von der Unendlichkeit, des Kontinuums und der wechselseitigen funktionellen Abhängigkeiten bedienen.

Wobei eben der Prozess der Annäherung oder des Grenzüberganges niemals ein eingleisiger ist. Vielmehr fordern die neuen Problemstellungen und Lösungen Erweiterungen mathematischer und physikalischer Modelle, neue Denkformen oder Anschauungen heraus, welche sodann in der metaphysischen Gesamtreflexion auch wieder auf das altbewährte (klassische Ideal) zurückwirken und es somit modifiziert. Mehr noch: Begriffe wie Komplementarität, Kohärenz, Superposition, Nichtlokalität oder Holismus zwingen uns nicht nur zu einem Umdenken auf rein begrifflicher Basis, sondern *rewired* auf lange Zeit gesehen auch unsere Denkoperationen und Logik auf rein neuronaler Ebene.

8.3 Rund um das Messproblem

8.3.1 Theorie – das Skalpell des Wissenschaftlers

Nicht zuletzt Einstein vertrat die Auffassung, dass erst die Theorie entscheidet was gemessen werden kann. Jeder Realitätsbereich reglementiert seinen eigenen Bereich der Erklärungen. Theorie wirkt als aktives Glied konstitutiv. Auch wenn Einstein sich mit Sicherheit geweigert hätte, sich derart weit aus dem Fenster zu lehnen, verbleibt Theorie dennoch das Fenster durch den der Beobachter schaut. Sie lässt innerweltliches beggenen, grenzt

Wirklichkeiten ab und empfindet Wirklichkeiten wiederum auch nur mit den charakteristisch abgrenzenden Ordnungselementen ihres jeweiligen Typs. Theorie filetiert gewissermaßen den Weltstoff. Doch darf dieser *Stoff* eben nicht schon als ein im *Nichtstreibendes-etwas* gedacht werden, sondern nur als wechselseitig aufeinander bezogene Strukturganzheit zwischen Ding und Erkenntnis, also gemeinhin zwischen Subjekt und Objekt oder mit anderen Worten als eine Wechselwirkung.

Wirklichkeit ist ein Prozess der Abgrenzung und Entscheidung in Hinsicht auf ein zu realisierendes Potenzial für ein verstehendes Sein. Und für dieses geht es in seinem Sein darum, ein verstandenes, daher auf seine Möglichkeiten hin zu bringendes Potenzial zu verwirklichen oder zu realisieren. Nichts anderes bedeutet Wissenschaft in diesem Sinne. Sie ist das Mittel und Methode dazu. Abgrenzung ist die Vorrausetzung für jede Wirklichkeit und wiederum die einzigen Möglichkeiten und Mittel Wirklichkeiten zu teilen und zu analysieren, sind nach Whitehead *Informationen*.

Wirklichkeiten werden also auf dieser Ebene nicht primär erkannt, sondern abstrakt verwirklicht und realisiert. Das fertige Bildnis dieser Ganzheit erklärt sich also – ein Analogon Bergsons fortführend, aus den signifikanten Konturen des Models, welche als Attraktoren auf den Künstler wirken, den auf die Palette gesetzten Farben und dem Stil seiner Zeit. Doch so wie das Talent des Malers sich unter dem Einfluss der Werke die er schöpft, bildet und verbildet, muss sich gleichsam jede Stilperiode auch selbst erst zum Ausdruck bringen. Sie liegt nicht schon verdeckt außen vor, als bräuchte sie nur noch zum Leben erweckt werden. Dieser Weg bestimmt sich im Allgemeinen durch das verfügbare und machbare seiner Zeit, in welcher letztlich Konvention und Kultur selbst als selektive Auswähler fungieren. Dieser Weg ist kein erst einmal in Gang gesetzter und schon vorbestimmter deterministischer Fortgang, sondern ein Weg voller Wiedersprüche, Notwendigkeiten, Verwerfungen und Selbstaufgaben.

Jede Zeit und Phase schafft sich so ihren eigenen Körper, samt den darin bestimmten und zu bestimmenden Empfindsamkeiten als konstitutiv ordnende Kräfte, einer stets zunehmend geistig intellektuellen Emphase.

Bildlich formuliert sieht die organistische Philosophie in Theorien also keine unumstößlichen Weisheiten, sondern ein wissenschaftlich-intellektuelles Reifen. Ein reflexiv-begriffliches Streben im Halten im Entwurf auf das eigenste Seinkönnen, als Abbild, Symbol und Lebensäußerung der jeweiligen Epoche und Kultur. Ähnlich wie auch wir durch die ererbte Struktur in unseren genetischen Material vorbestimmt, jedoch keineswegs determiniert sind, werden wir grade erst die Personen die wir erstreben zu sein, durch die fortgesetzte Summe unserer Akte und Handlungen, also im allgemeinen erst durch den Weg den wir beschreiten und dieser bleibt in der organistischen Philosophie das Ziel.

Somit scheint sich die unfreiwillige Arbeitshypothese des Physikers: Den Kopf über Wasser halten zu rechtfertigen. Er will hochhinaus doch gleichzeitig nicht den Boden unten den Füssen verlieren. Wenn der Wirklichkeitsbegriff also den fortwährend schiftenden tektonischen Platten unter unseren Füssen gleicht, heißt dies dennoch nicht, dass wir nicht in der Lage wären ein solides Theoriengebäude zu errichten. Auch die Evolution hat kein festes Fundament. Wir sind in ein wechselseitiges fließendes Beziehungsgeflecht eingebunden und doch in möglichen Grenzen die Architekten unseres Seins. Wir müssen nur lernen von ewigen Wahrheiten oder was vielmehr das gleiche ist, einer von uns unabhängigen *präexistenten* Welt und Realität Abschied zunehmen und uns der unmittelbaren Tatsache bewusst sein, dass grade diese so konstituierten Wahrheiten eben nicht unabhängig von unserem – vornehmlich wissenschaftlichen Handeln sind.

Nun mag dabei die Suche nach der großen vereinheitlichen Theorie einem kreativ-schöpferischen Verlangen der Physik nach Ausdruck oder dem harmonischen Streben der Natur selbst entlehnt sein, doch nüchtern betrachtet, besitzen wir sowohl eine mikroskopische, eine makroskopische und eine kosmologische Wirklichkeit. Sollte also diese *theory of everything* denn jemals *gefunden* werden, so heißt dies nicht etwa, das diese nun die Wirklichkeit umfassend beschreibt, sondern vielmehr, dass eine Wirklichkeit durch der sie implementierenden Theorie, als formal kreativer Akt geschöpft wurde.

Es gibt nach Maturana aus evolutionärer Sicht kein besser oder schlechter angepasst solange der Organismus existiert; analog also kein richtig oder falsch einer Theorie solange sie verifizierbar bleibt. Existenz (physikalisch damit also Verifikation über Messung) ist die einzige Bezugsgröße. Es geht also nicht um ein *entweder-oder*, sondern um eine gemeinsame Basis. Auch wenn sich beide Theorien (Klassik und QM) als Grenzübergang formuliert näherkommen, so bleibt doch die Wissenschaftsgeschichte letztlich nichts anderes, als grade der endlose Fortgang solcher aneinander Reihungen, in welcher die Nachfolgetheorie in der Regel den Vorgänger als Grenzübergang mit einschließt. Doch ein erkenntnistheoretischen Grenzübergang oder Limes von Unendlich zu Null wird es wohl nie geben. Es gibt mit anderen Worten kein Licht am Ende des Tunnels, sondern nur das Licht: Wissenschaft.

8.3.2 Der Messprozess

Jede Theorie reglementiert den Bereich möglicher Messungen. Doch was wenn die Theorie grade die einer Messung ist? Da es keine Möglichkeit gibt, Wirklichkeit ohne Rückgriff auf eine Messung zu definieren (**wirklich ist was gemessen werden kann!**), gerät man also zwangsläufig in einen Zirkel. Man kommt also letzten Endes nicht umhin, alle Folgeglieder als Verbundsystem zu deuten, derer wechselseitig voneinander abhängen und konstitutiv auf einander einwirken. Die Differenzen um den Realitätsbegriff umgreifen damit nicht nur den Zusammenhang hinsichtlich der Unbestimmtheit des quantenphysikalischen

Messprozesses oder die Subjektabhängigkeit, sondern es geht um die Anwendbarkeit dieses Grundsatzes nun selbst.

Beschreiben wir nach Weizsäcker die Bahn eines Objektes hinsichtlich seines Ortes und Impulses klassisch, so bedeutet dies im Bezug zum Realitätsbegriff, dass diese Bahn im Sinne von *es-gibt* beobachterunabhängig existiert. Alle damit verbundenden Größen könnten jederzeit mit beliebiger Genauigkeit gemessen werden, unabhängig davon ob wir dieses auch wirklich tun oder nicht. Diese Darstellung spiegelt im Wesentlichen die Auffassung des naiven Realitätsbegriffes wieder.

Beschreiben wir diese Bahn nun quantenmechanisch, so heißt dies nicht etwa, weil wir den Ort und Impuls nicht gleichzeitig mit beliebiger Genauigkeit messen können (Ort und Impuls besitzen keine gemeinsame Basis respektive Eigenfunktionen), da aufgrund der Störung des Messprozesses durch die Wechselwirkung eine derartige Messung unmöglich wird, dass die Bahn im obigen Sinne nicht existiert (die Quantenmechanik tätigt *keine* Existenzaussagen), sondern richtig ist einzig, dass diese Größen hinsichtlich genannter Messbedingungen, also entsprechend der Theorie nicht (gleichzeitig) existieren. Formal ausgedrückt: Der Strahl im Hilbertraum existiert weder vor, während, noch nach der Messung. *Es-gibt* also den Impuls und den Ort (wenn auch in der Regel unscharf), doch eben nicht die Bahn des Elektrons. Anderseits existiert die Bahn in einer zu der Schrödingergleichung äquivalenten Formulierung in der Bohmmechanik.

Was lernen wir also aus diesem scheinbar unvereinbaren Wiederspruch bewährter, gültiger und jederzeit überprüfbarer Theorien, welche sich auf dieselbe Welt beziehen und denselben Sachverhalt ausdrücken, sofern sie dieses tun? Die Quantentheorie scheint vor allem den Anwendungsbereich des Realitätsbegriffes und damit nicht weniger als unsere allgemeinen wissenschaftlichen Grundannahmen einzuschränken oder gar zu modifizieren.

Wie erwähnt tätigt die Quantenmechanik in diesem Sinne keine Existenz – oder Allaussagen, also irgendwie geartete Stellungnahmen unabhängig vom Messprozess. Dies tut uneingeschränkt nur die Klassik, deren Anschauungsformen wir in der Regel einfach *eins-zu-eins* unreflektiert übernehmen und auf die quantenmechanischen Prozesse übertragen wollen. Doch dieser Ansatz schießt bereits über das Ziel hinaus. Alle aufgeführten Probleme sind in der Regel bereits schon wieder klassische Frage – und Problemstellungen. Zur Bohmmechanik später mehr.

Die Quantenmechanik geht äußerst sparsam mit ihren Prämissen um, bleibt nichtsdestotrotz kompromisslos in ihren Implikationen und Konklusionen. Mit anderen Worten: Wir tragen vielmehr Klassik hinein, als wir herauszuholen bemächtigt sind. Die Quantentheorie ist in Analogie zur Klassik keine Theorie der Dynamik mikroskopischer Objekte, sondern der Quantenmessprozess formalisiert vielmehr die *Bedingungen* und *Voraussetzungen* von Erkenntnis und damit implizit von Wirklichkeit oder Wirklichkeitsschöpfung. Er besteht dabei erstens auf der Individualität des Messprozesses im Sinne Bohrs, zweitens setzt er dabei bereits eine *gemeinsame* Sprache zwischen Subjekt und Objekt voraus. Also gemeinhin zwischen Potenzialität (Information, Wissen) und Faktizität (Energie, Substrat oder Differenz, im Sinne einer der Messung zugänglichen quantitativen Einheit oder Entität). Der Quantenmessprozess zielt also kurz um auf eine Isomorphie von Epistemologie und Ontologie, physikalisch ausgedrückt also von Information und Energie.

So scheint sich zunächst der Schluss aufzudrängen, dass alle Bedeutungsdebatten rund um die Quantenmechanik somit in gewisser Weise fehlgeleitet sind. Man will vereinfacht gesagt ausdrücken, was diese Quantenobjekte eben darüber hinaus sind, also grade unabhängig von der Messung und losgelöst von ihrer kontextuellen Einbettung. Doch grade dieser Ansatz ragt über den Gültigkeitsbereich der Quantenmechanik hinaus. Auch gibt dieser Prozess im Grunde genommen nicht an *was* Wirklichkeit ist, sondern vielmehr nur *wie* sie zustande kommt. Und erst aus diesem *wie* lässt sich dann in der klassischen Sprache und Anschauungsform formuliert ein *was* ableiten oder definieren.

Wobei grade das aus der Quantenmechanik heraus entwickelte Dekohärenzkonzept gewissermaßen das Transformationsprinzip darstellt. Also den Grenzübergang zwischen Klassik und Moderne gewährleistet.

Im quantenmechanischen Messprozess wird also kein Fakt einer bereits vorausgehenden und vorhandenseienden Tatsache verifiziert, sondern durch den halbklassisch eingepflanzten *Impuls*, ein irreversibler Fakt aus der Potenzialität dieser Strukturganzheit abgeschöpft. Wirklichkeit heißt in diesem Zusammenhang also nichts anderes als *Prozess* oder anders formuliert: Die Quantenphysik ist eine Mechanik der Möglichkeiten, die Klassik eine der Fakten. Dies schließt bereits Subjektabhängigkeit und Wahrscheinlichkeitscharakter und darüber hinaus auch die Möglichkeit der Transformation von Potenzialität und Faktizität, auf Basis einer Energie-Informationsäquivalenz ein.

Im Allgemeinen geht also die klassische Beschreibung weit über ihre Grenzen hinaus, indem sie Beobachter – und Theorienunabhängige Realitäten postuliert und die moderne Physik bleibt in gewissen Sinne hinter ihren Status zurück, denn sie lässt sich gar nicht erst auf Existenz – oder Allaussagen (Kopenhagener Deutung) ein. Doch trotz aller Falltüren bleibt der so beschriebene Messprozess deshalb universell, weil er grade die gültigen Bedingungen und Vorrausetzungen für Erkenntnis formalisiert und damit letztlich auch bestimmt, auf welcher Basis der Realitätsbegriff eingesetzt werden kann. Wir müssen dabei jedoch immer im Auge behalten: Das nicht Erkenntnis eine Folge von Wirklichkeit ist, wie es die Klassik suggeriert, sondern Wirklichkeit eine Folge von Erkenntnis, Theorie oder Messung.

Denn nur eine Wirklichkeit *an-sich* könnte tatsächlich als eine universelle Basis für die Annahme oder Verwerfung einer Theorie fungieren. Doch zumindest in der organistischen Philosophie scheidet dieses Ideal als eine epistemisch-ontologische und damit nicht zuletzt logische Unmöglichkeit aus. Damit wird aber bereits schon hier offensichtlich, dass es eben nicht so etwas wie einen ausgezeichneten Raum geben kann, sondern jener einzig von der Theorie – entsprechend gültigen oder möglichen Messbedingungen vorgezeichnet wird. Kritiker werden dabei sicherlich einwenden, dass der Realitätsbegriff in dieser Darstellung viel zu sehr an den der Messung koppelt. Doch wo anders könnte er sonst andocken?

Es handelt sich wohlgemerkt nicht nur um die rein wissenschaftlich messende Tätigkeit, sondern ganz allgemein um den Erkenntnisakt selbst, den wir uns hier als Objekt zur Reflexion gegenüberstellen. Egal ob es sich dabei um die Bahn der Erde oder die des Elektrons handelt: Messung im weitesten Sinne des Wortes ist der primäre Akt, um überhaupt zu validen Aussagen zu gelangen. Der Realitätsbegriff kann also in dieser organistisch konzipierten Naturinterpretation nicht mehr auf ein Subjekt oder Objekt abgestellt werden, sondern wird als konstitutiver Akt einer wechselseitigen Bedingt – und Strukturganzheit verwirklicht. Obgleich der Zirkel natürlich auch immer erst irgendwo eingestochen werden muss, bleibt dabei grundsätzlich kein primärer Akt per se vor den anderen ausgezeichnet.

Etwa erst eine unabhängige Welt, dann die Theorie dazu und schließlich die Verifikation über Messung. Wir erinnern uns an Heidegger und das Phänomen der Gleichursprünglichkeit der konstitutiven Momente. Sein ist ein in sich geschlossener und doch offener (unendlicher) Kreisprozess der sich stets aus der gegenwärtigen Mitte (Zwischen) vollzieht und kein linearer Fortgang von einem Start – zu einem Endpunkt hin. Sowohl das Gestern wie Morgen sind offen. Das eine für Interpretation, das andere für durchlebte Möglichkeiten.

Trotz aller Diskusionen scheint dennoch der Formalismus der Quantenmechanik den Prozess vollständig und richtig darzustellen. Aber man erwartet eben das unmögliche von ihm: Uns ein anschaulich klassisch-reduktionistisches Bild zu vermitteln, das für unseren Geist – wir betonten es oft genug, der Geist kann das Werden im ursprünglichen Sinne nicht denken, dann eben doch ein wenig Sinn vermittelt. Doch die klassischen Anschauungsformen des *Wie, Wo* und *Wann* greifen hier nicht eher, als (klassisch) gemessen wird.

Es scheint daher alles andere als verwunderlich, dass letztlich die Dynamik der Wellenfunktion eine gewisse Unstetigkeit aufweist, also einen Kollaps erfährt; handelt es sich doch letztlich nicht nur um den Übergang vom Werden zum Sein (also zwei komplementären Seinsformen), sondern eben auch von Potenzialität zu Faktizität, in der eine Vergangenheit (Präparation) im Vollzug innerer Dauer in eine neue, entschiedene Zukunft (irreversibler Akt der Messung) anschwillt.

Körperlichkeit, Ausgedehntheit, Reversibilität, Reduktionismus, Kausalität und individualisierte Einzelwesen sind das Merkmal der klassischen Welt, im Gegensatz zu einem Holismus wechselseitiger Bedingtheiten; das Merkmal der Richtung eines noch zu verwirklichen Momentums. Das eine versinnbildlicht die Eigenschaften des Raumes, das andere der Zeit und die gemeinsame Basis verkörpert der *Mensch!*

Der Grundfehler bei dem Versuch ein anschaulich physikalisches Bild und Verständnis zu gewinnen, besteht also im wesentlichen darin, klassisch korrespondierende Anschauungsformen von finiten, logisch sich wechselseitig ausschließenden Möglichkeiten, auf eine wechselseitig sich bedingende Strukturganzheit, also einen nur ganzheitlich zu erschließenden Prozess zu projizieren.

Aber nur klassisches Sein trägt auch *ontische Bestimmtheit* infolge des individualisierten Objektcharakters inne, während sich das Bild im Mikrokosmos grade wieder verkehrt. Wir können nicht nach intrinsischen Eigenschaften unabhängig vom Messprozess fragen. Die Frage ist also wie weit man gewillt und nicht zuletzt auch in der Lage ist seine Vorurteile abzulegen und seine Imagination und Intuition zu Worte kommen zu lassen. Daher in Ermangelung geeigneter anschaulicher Begriffe, basierend auf der Notwendigkeit eben immer nur mit klassischen Analogien jonglieren zu können und diese schrittweise derart zu modifizieren, bis ein gewisser Konsens zwischen der Makro – und Mikrowelt erreicht ist.

Während im Reduktionismus ein augenscheinlich befriedigendes Mehrwissen, steckt im Holismus jedoch eine *unholy* Wahrheit. Aber erst beides zusammen enthält die Notwendigkeit. Das duale Denken, unsere Logik und damit implizit das Spektrum möglicher Anschauungs – und Darstellungsformen hat sich im Wesentlichen evolutionär entwickelt. Wir können also diesen spezifischen *Prozess* nicht eigentlich denken, uns als geistiges Abbild vor Augen halten. Dies ist nur im Wirklichkeitsmodus auf Basis von Tatsache und Fakt, also im *Gegebensein* (der Klassik) möglich.

Informationen bilden die konstitutiven Bausteine dieser Strukturganzheit, welche sich von vornherein auf ein Kontinuum von Möglichkeiten beziehen. Diese modalen Strukturen werden folglich erst durch den irreversiblen Akt der Messung faktisch ontische. Es liegt somit die Vermutung nahe, das Quantenobjekte generell nur als *prozessuale Wesen* aufgefasst und formalisiert werden können, das heißt nicht nur relational und kontextabhängig, sondern von vornherein schon immer in ein wechselseitig-abhängiges Geschehen, daher Prozess (genau dies drückt Whiteheads Philosophie aus) eingebettet sind.

Man kann den Spieß nun aber auch umdrehen und folgern, dass auf dieser elementaren Ebene grade die Welt ihr *wirkliches* Gesicht zeigt, will sagen: Das hier notwendig das Verständnis zum Ausdruck kommt, dass einzig der Prozess selbst unmittelbare Wirklichkeit in sich trägt. Wirklichkeiten werden daher als wechselseitig bestimmte und sich bedingende Akte ganzheitlicher Strukturgebilde realisiert. Physikalisch ausgedrückt: Gemessen!

Quantenobjekte sind niemals und unabhängig von einer Messung oder Wechselwirkung einfach nur da oder existieren in diesen oder jenen Eigenschaftsfeldern, haben nicht diese oder jenen intrinsischen Eigenschaften, unabhängig von einer solchen

Messung. Jede Art von Aussage und somit entschiedenen Fakt erfordert zu jeden gegebenen Zeitpunkt eine derartige Wechselwirkung. Messung ist ein konstitutiver Akt der Schöpfung, daher der Möglichkeit des Wissensgewinns durch Information in Bezug auf eine Wirklichkeit oder ihr unterstelltes oder vorausgesetztes Substrat.

8.3.3 Gibt es eine bevorzugte Basis?

In der Regel betrachten wir die klassische Welt als unabhängig von uns. Klassische makroskopische Körper weisen einen starken, sich selbstbegrenzenden Objektcharakter auf. Wir scheinen sie daher immer in einem für sie spezifischen korrespondierenden definiten Zustand anzutreffen, während andererseits quantenmechanische Objekte in der Regel in Superpositionen und delokalisiert vorzuliegen scheinen.

Im Gegensatz zur Quantenmechanik scheint die Klassik epistemisch unterbestimmt zu sein oder anders herum formuliert, beruht grade auf diesen eigentümlichen Fakt die ontische Bestimmtheit der Klassik, sprich der naive Realitätsbegriff. Hier scheinen nur zweierlei ontische Einstellungen zu existieren: *Sein* oder *Nichtsein*, welche eben zu der Annahme verleitete, dass man mit Blick auf die Realität, sowohl den Beobachter, wie auch Theorie selbst außen vorlassen könne. Diese Wirklichkeiten also für sich existierten.

Man setzte also entgegen dem eigentlichen Naturgeschehen Wirklichkeit als *Voraussetzung* von Erkenntnis überhaupt. Wenn wir uns reflexiv in der Wissenschaft auf Wirklichkeit beziehen, verleiht dies oft den Eindruck einer nur beschreibenden Darstellung. In der Regel bedient man sich dabei der Information als eine freie oder kostenlose Hilfsgröße, mit der man die augenscheinlich in Stein gemeißelte Wirklichkeit formal einzufangen möchte.

Doch es gibt in der Natur weder freie, feste noch für sich existierende Größen. In der Regel vergisst man also den evolutionären Prozess darüber, in welchen sich eben auch die Kategorien der Erfahrung behaupten mussten. Unsere gesamte Körperlichkeit, all unsere geistigen Denkstrukturen und Begrifflichkeiten sind das Produkt dieses Evolutionsprozesses. Wir können nicht denken, was nicht bereits Schatz unseres empirischen Erfahrungsbereichs geworden ist, beziehungsweise immer nur kleinere Deduktionssprünge darüber hinaus vollziehen.

Eine andere Ausdrucksweise wäre also zu behaupten, dass wir Resonanzen mittlerer Dimensionen selbst nur so etwas wie eine lebendige Theorie, bezogen auf unser Milieu verkörpern. Jede Wirklichkeit ist nach Whitehead nur für und durch das Empfinden da. Sie fördert das Empfinden und wird wiederum auch nur mit den spezifischen Ordnungselementen ihres jeweiligen Typs empfunden. Wir passen einfach in diese Welt und damit auch eine, der diese Objekte repräsentierende mathematische Wissenschaft. Geist und Wissenschaft sind also nie unvoreingenommene und freie Beobachter, sondern immer schon impliziter Teil dieser wechselseitig bestimmten Strukturganzheit und Wirklichkeitsbeschreibung.

Letztlich sind im Grunde genommen alle quantenphysikalischen Messungen nichts anderes als klassische Ortsmessungen, daher aufgrund des Morphogens aus Welt (Objekt) und Beobachter (oder um es mit Kopenhagen auszudrücken), durch die beobachterabhängige Messanordnung bestimmt.

Das Messproblem besteht oder erfordert im Wesentlichen den Übergang (Reduktion oder Kollaps) von einer Superposition, in einem definiten Ausgang in Bezug auf eine feste (Zeiger) Basis. Der Kollaps erscheint aus Sicht der Schrödingergleichung dabei nichtlinear, jedoch mit dem Phänomen der *Dekohärenz* (lokale Delokalisierung der Superpositionen und Reduktion auf schmale Wellenpakete der Zeigerbasis), dem *triorthogonal uniqueness theorem* (die Zerlegung in orthogonale Zustände des dreifachen Produktraumes (Quantenobjekt, Messgerät und Umwelt) ist eindeutig, auch wenn der Umkehrschluss nicht gilt) und *pointer states* einer bevorzugten Basis (umweltbedingte

Superauswahl, da das verschränkte Netzwerk über einen gemeinsamen Konsens verfügt) verständlich, wenn auch nicht vollständig gelöst. Erst die Energie-Informationsäquivalenz schließt dann diese Lücke durch den potenziellen Übergang von Möglichkeiten, zu einem irreversiblen Fakt der Zeigerbasis.

8.3.4 Zustandsreduktion, Dekohärenz und Bohmmechnik

Die meisten Physiker und Philosophen sind jedoch der Meinung, dass die Dekohärenz das Messproblem für sich alleine betrachtet nicht vollständig löst. In der Tat wird der irreversible Sprung vom Werden eines ganzheitlichen potenziellen Bedingungsgefüges, in das existenziell finite entschiedene Sein (einer bevorzugten Basis) erst mit der hier postulierten *Energie-Informations-Äquivalenz* erklärbar. Doch das Dekohärenzkonzept bleibt dabei (zumindest auf lokaler Ebene) quasi das Transformationsprinzip zwischen Klassik und Quantenphysik. Es erklärt das Zustandekommen unserer klassischen Welt trotz oder grade wegen der Quantenwelt.

Die Dekohärenz beruht dabei auf der unvermeidbaren Wechselwirkung mit der näheren Umgebung, respektive der ungeheuren für makroskopische Körper möglichen Zahl von Zuständen, in welcher die Phasenbeziehungen möglicher Verschränkungen sehr schnell außer Takt geraten, beziehungsweise grade auf dem Verzicht der Messung der Umgebung, welche gewissermaßen die Phasenbeziehungen davonträgt.

Die Idee hinter der Dekohärenz in Bezug zur Transzendenz des Messprozesses oder genauer gesagt für Quantenobjekte als unabhängige Entitäten ist also, dass der Messapparat durch die Umgebung ersetzt wird, die ja im Prinzip die Beobachtung für uns übernehmen könnte, während die universale und globale Schrödingergleichung die Info davonträgt. Doch während die (klassische) Messapparatur und der Beobachter die *gleiche Sprache* sprechen, daher somit auch der Heisenbergsche Schnitt hinter der Messapparatur gezogen werden kann, lebt das *entangled* Netzwerk in seiner eigenen (für uns gänzlich unverwertbaren und unverständlichen) Welt. Doch auch diese ist im günstigsten Fall metastabil.

Es muss mit dem Mythos von einem quasi instantanen, sich ewig verzweigenden und verschränkten Netzwerk aufgeräumt werden, dass grade diese globale Schrödingergleichung rechtfertigen würde. Denn (erwünschte oder interessierende) Verschränkungen sind genau wie die Kohärenz selber anfällig für *Störungen* jedweder Art und eben bestenfalls unter idealisierten Laborbedingungen für uns verwertbar. Insbesondere im Bezug zum *Viele-Welten Theorem* mag die Verschränkung mit einem (makroskopischen) Beobachter schon mehr als fragwürdig, aber der wesentliche Kritikpunkt ist die Annahme oder Voraussetzung einer Verschränkung mit einer inneren emergenten Eigenschaft wie Bewusstsein. Das ist als würde man eine Verschränkung nicht nur mit den Trillionen Atomen des Beobachters als Ganzes, sondern im selben Maße mit den *Funktionen* seiner Organe postulieren wollen.

Im Gegensatz zur Klassik beruht der quantenphysikalische Messprozess auf einer strengen physikalischen Isolierung von seinem Umfeld. Im Makrokosmos lassen sich derartige Abschirmungen, der grade seine Konstituenten als individualisierte Einzelkörper, also als quasi von ihrer Umgebung losgelöst betrachtet, praktisch nicht realisieren. Dies ist ein äußerst paradoxer Aspekt. Denn während für die Quantenmechanik Messung oder Beobachtung Schüsselkomponenten sind, lässt die Klassik den Beobachter gänzlich außen vor. Der Grund warum auch diese Art von naturwissenschaftlicher Anschauung gerechtfertigt ist, beruht also grade auf dem Phänomen der Dekohärenz makroskopischer Körper, also gewissenermaßen in unserer willentlichen Weigerung die Umgebung als mit dem Objekt verschränkte einzubeziehen.

Wir erwähnten bereits das epistemische Bestimmungsdefizit der Klassik. Wir müssen also im Hinterkopf behalten, dass in

Bezug zum Realitätsbegriff es sich dabei nicht um eine wohlverdiente Errungenschaft, sondern vielmehr um ein *Manko* der Klassik handelt, um derentwillen wir aber eben erst über ein Wirklichkeitsgefühl oder Realitätsbegriff verfügen. Auch wenn sich zumindest einer der Mitbegründer und Entdecker der Dekohärenz vehement dagegen ausspricht, dieses Konzept grade für den Übergang, sprich dem Kollaps der Wellenfunktion zu *missbrauchen*, da eine konsequente Anwendung auf das von ihm favorisierte *Viele-Welten-Theorem* führt; so bleibt doch (wenigstens pragmatisch betrachtet) der Unterschied zwischen *Everetts-Vielen-Welten* gegenüber der konventionellen Auffassung einzig von rein formaler Natur. Denn de facto macht es keinen Unterschied ob man global von einer Vielzahl für uns unzugänglichen *potenziellen Welten* und realen Zuständen oder lokal von einer Vielzahl *potenzieller Zustände* und einer realen Welt ausgeht.

Entscheidend bleibt einzig das Endergebnis (Realität). Da es keinerlei Möglichkeit gibt die sich verzweigenden Zustände, der hinter der Messung *weiterlebenden* globalen Wellenfunktion empirisch zu prüfen, läuft es also im Endeffekt somit für beide Theorien auf ein und denselben Aspekt hinaus: *Eine* Wirklichkeit für *einen* Beobachter (in unserer Welt). Damit bleibt zwar das Viele-Welten-Theorem konsistent aber haltlos, denn letztlich können und müssen beide Theorien einzig auf unsere Welt bezugnehmen. Mit anderen Worten: Das zugegebenermaßen formal konsistente Viele-Welten-Theorem ist nicht unbedingt ein kategorisches, sondern ein nur denknotwendiges, ästhetisches *Nein*.

Damit verschiebt jedoch auch das Viele-Welten-Theorem den Heisenbergschen Schnitt nur hinter den Beobachter und damit notwendigen Kollaps, welchen es ja grade zu umgehen vorgibt: Von *Vielen-Welten* auf *Eine*: Nämlich unsere empirisch erfahrbare Welt. Da wiederum die Phasenbeziehungen zwischen diesen (möglichen) Welten im Abgrund der Irreversibilität verloren gegangen sind, läuft es also auf denselben Sachverhalt hinaus: Der konventionellen Kopenhagener Deutung. Man erhält also das gleiche Resultat nur zu einem viel höheren Preis. Auch nach

Weizsäcker ist Everett ist nur in dem Sinne konsequent und konservativ geblieben, das er die Gleichsetzung von Faktizität und Realität der klassischen Physik übernommen hat. Hätte er jedoch statt mehrere Welten, mehrere Möglichkeiten sagen sollen, so hätte er eine weniger verblüffende, dafür aber eine korrekte Beschreibung der Quantenphysik geben können.

Interpretiert man in der Tat die Viele-Welten in dem Sinne, das die dekohärierten *branches* der Wellenfunktion nur als Möglichkeiten *weiterleben*, jedoch in unserer Welt (aus oben genannten Gründen) verbleiben, also *nur* als verlorengegangene Informationen herum schwirren, dann löst man somit sogar das Messproblem.

Doch das eigentliche Problem ist natürlich viel tiefgreifender und weitreichender. Dies ist grade die Annahme, dass der Welt eine immanente Wirklichkeit zu Grunde liegt. Doch der Quantenmessprozess schließt dies weder ein noch aus. Er erklärt vielmehr nur das Zustandekommen dieser (klassischen) Wirklichkeit. Was die Quantenmechanik also tatsächlich nur verneint, ist die Unmöglichkeit des Wirklichkeitsideals: Den Absolutismus der Wahrheit.

Tatsächlich haben die meisten Physiker der *Antikopenhagener* Koalition weit weniger ein Problem mit einer Revision des naiven Realitätsbegriffes, als grade mit der Subjektabhängigkeit des Quantenmessprozesses und scheinen daher zu glauben, ihre so vertraute und liebgewonnene Welt nur durch das (unnötige) festklammern an dieses Wirklichkeitsideal zu retten ist, gleichwohl dies mit den Annahmen und Folgerungen der Quantenmechanik kollidiert. Doch der große Erfolg der Wissenschaft beruht ja vielmehr grade auf dieser Subjektabhängigkeit.

Im konkreten geht es also um den *Übergang* vom beobachterabhängigen Messprozess zu der transzendenten Welt. Diese sollte doch unabhängig davon ablaufen, ob jemand sie beobachtet oder nicht und dabei eben auch allgemeinen quantenphysikalischen

Gesetzmäßigkeiten unterliegen. Doch genau hier liegt wieder das Problem: Klassische Anschauungsformen, Folgerungen und Forderungen eins-zu-eins auf die Quantenmechanik übertragen zu wollen. Der Quantenprozess schreibt uns zwar nicht vor was man unter Wirklichkeit zu verstehen hat, jedoch gibt er die Spielregeln vor, also wie, wann und unter welchen Bedingungen wir sie Vorfinden. Alles darüber hinaus ist bereits schon (klassisches) metaphysisches Beiwerk.

Natürlich fällt einen dazu der bissige Kommentar Einsteins ein: Glaubt ihr (Kopenhagen) denn ernsthaft der Mond ist nicht da, wenn wir nicht hinschauen? Natürlich kann auch Einstein nicht die Existenz des Mondes beweisen, wenn er nicht zumindest hinschaut (misst). Aber der Mond ist ein rein klassisches Phänomen, dessen Existenz somit ja gar nicht zur Diskussion steht und selbst wenn wir das leidenschaftliche (klassische) leuchten der Sterne sehen, wissen wir natürlich um die darunterliegenden quantenphysikalischen Prozesse, welche diese Kernfusion ja grade erst ermöglichen und doch lässt sich direkt dieser Fakt, stets nur unter den Bedingungen und im Rahmen einer quantenphysikalischen Messung beweisen oder nachweisen.

Während in der Klassik gesetzmäßige Postulate nur die Verifikationen einiger bekannter Sachverhalte oder Theorien bedürfen (solange sie also nicht falsifiziert werden), sind quantenmechanische Ereignisse in der Regel eben nur sehr *wahrscheinlich*. Der Welt liegt ein immanenter Wahrscheinlichkeitscharakter zu Grunde. Dies ist nicht nur aufgrund der Planckkonstante der Fall (alle Subjekt-Objekt Relationen tragen eine systemische *Unschärfe* in sich), sondern weil auf dieser Ebene Potenzialität, Zeit, Wissen und Energie keine getrennten und voneinander unabhängige Entitäten mehr bezeichnen, sich also nicht nur wechselseitig fordern, erfordern und bedingen, sondern auch in – oder aufeinander überfließen. Wo, Wie und Wann der *Trennschnitt* zu ziehen ist, ist eben nur mit einer bestimmten, aber nicht absoluten Gewissheit zu sagen, wahrscheinlich noch nicht einmal formalisierbar. Denn dies würde bereits schon wieder eine Trennung von Prozess (Wirklichkeit) und Tatsache (Faktizität) erfordern.

Tatsächlich ist eine Auftreffwahrscheinlichkeit oder Ortsbestimmung (hinsichtlich der Transzendenz quantenmechanischer Prozesse) ohne Schirm noch nicht einmal eine sinnvolle quantenphysikalische Frage. Vielmehr muss der Dualismus im Sinne Whiteheads noch vertieft werden: Es ist eine metaphysische Eigenschaft allen Seienden, ein Potenzial für das Werden zu sein. Das Punkteilchen würde also gewissermaßen der klassischen Sichtweise und seine ihm immanente Potenzialität der quantenmechanischen Wellenbeschreibung genügen. Interpretiert man wiederum diese Potenziale dann selbst nur als mögliches Wissen, hinsichtlich der Repräsentation oder Messung möglicher quantenmechanischer Zustände, so umgeht man zumindest den gröbsten Widersprüchlichkeiten. Ontologische Aussagen sind und werden dann wieder nur in der klassischen Sprache und Denkweise, auf Basis von Analogien formuliert. Damit ist die Frage längst nicht mehr *was* real ist, sondern vielmehr: *Wie* diese Wirklichkeiten selbst zu Stande kommen und genau dies formalisiert der quantenphysikalische Messprozess.

Strenggenommen dürfen daher wir nicht einmal annehmen, dass etwa ein Elektron auf dem Weg zum Schirm ist, obwohl es grade von einer Elektronenkanone *abgefeuert* wurde. Es gibt nicht nur einfach kein quantenphysikalisches Analogon eines klassischen Objektes genannt *Teilchen*, sondern auch keine Transzendenz der Quantenobjekte über den Messprozess hinaus und schlimmer noch, im Grunde auch keine Immanenz innerhalb des Messprozesses, solange eben nicht nachgeschaut, also gemessen wird. Es wäre also müßig nach dem Weg des Elektrons zu fragen, also durch welchen Spalt (oder beide) es ging, da Faktizität auf dieser Ebene noch nicht von seiner immanenten Potenzialität durch die irreversible (klassische) Messung, also einen sich vollziehenden *Subjekt-Objekt* Bruch geschieden wurde. Unser reduktionistisch-mechanistisches

Weltbild fordert jedoch immer die Trennung von Tatsache und Prozess oder Subjekt und Objekt.

Andererseits äußert sich Bell als bekennender Anhänger der Bohmmechanik und des Viele-Welten-Theorems sinngemäß „… was uns so ermöglicht, diese schwerwiegende Subjektabhängigkeit endlich aus der Quantenmechanik zu beseitigen". Bekanntlich ist die Bohmmechanik der traditionellen Quantenmechanik äquivalent. Doch es wird im Allgemeinen übersehen worauf diese Äquivalenz grade beruht. Man kann sich einfach nicht des Eindrucks erwehren, dass schlicht und einfach der gesamte Problemkreis rund um das Messproblem, einfach nur auf die Führungswelle als eine Art *surplusstructure* auf die Anfangsbedingungen *vorverschoben* wird.

Denn was ist diese geheimnisvolle unphysikalische Kraft, die zwar wirkt aber keine Rückwirkung erleidet und die Teilchen auf völlig absurden zickzack Bahnen führt. Natürlich könnte man (und hierin eben die Äquivalenz) mit demselben Recht fragen, was ist diese mystische Kraft, welche die Reduktion des Wellenpaketes erzwingt und natürlich decken sich ja grade diese zickzack Bahnen mit dem Interferenzmuster. Doch mit dem Dekohärenzmechanismus hat man doch eine zufriedenstellende (wenn auch nicht zu hundert Prozent verträgliche) Erklärung.

Man kann also die Schrödingergleichung global mit lokalen *Kondensierungspunkten* oder schlicht lokal (nichtlinear) interpretieren, was wiederum identisch sein muss mit der Auswahl eines besonderen Teilchens oder seines Ortes in der Bohmmechanik. Was Bell also eigentlich hätte sagen sollen ist, dass man mit Hilfe Bohms Sichtweise ein größtenteils klassisches Analysetool über Gradienten und Quantenpotenzial zur Verfügung hat, um sich somit ein mehr oder weniger anschauliches Bild auf Basis klassischer Analogien machen zu können.

Keine andere Theorie, wohl nicht einmal die ART lässt derart viel Raum für Interpretationen zu. Weizsäcker drückt dies beispielsweise in den verschiedenen Sichtweisen zwischen Born und Schrödinger wie folgt aus: Die Abweichung der Quantenmechanik von der Klassik ist die indeterministische Beschreibung vom Kausalgesetz. Während für Bohr die veränderte Auffassung von Realität der entscheidende Punkt ist, was bei der statistischen Deutung; der Reduktion des Wellenpaketes zum Ausdruck kommt. Die Wahrscheinlichkeit breitet sich hingegen nur solange im Einklang mit dem Kausalgesetz, also der Schrödingergleichung aus, als keine Messung gemacht wird. Da für Born die Wellenfunktion nur Wahrscheinlichkeit, also Wissen bedeutete, hat er unbedenklich von der Reduktion Gebrauch gemacht, währen hingegen für Schrödinger, welcher sie als Realität deutete, dies nur schwer zu akzeptieren war.

Natürlich ist die Realitätsannahme eine sehr viel strengere Forderung als etwa nur die Wiederholbarkeit einer Messung, die nur das gleiche Ergebnis fordert. Während die Realitätsannahme bereits vor der Messung das Resultat als wirklich vorzuliegen einfordert. Doch die quantentheoretische Struktur des Wahrscheinlichkeitskataloges, den Komponenten des Zustandsvektors ist mit dieser Realitätsannahme unverträglich.

Doch soll der Vollständigkeitshalber auch Zehs (Entdecker des Dekohärenzkonzeptes) Sicht zum Messproblem dargestellt werden. „Freiheitsgrade (im Sinne der Dekohärenz) im Apparat sind schon Teil der Umgebung. Unter unitären Transformationen (Schrödingergleichung) verbleiben die Gesamtzustände stets rein (die individuelle Eigenschaften charakterisieren), welche in keiner ihrer Komponenten vorhanden sind und können somit keine echte Ensembles von unterschiedlichen Endzuständen für Messungen darstellen. Eine unitär beschriebene Wechselwirkung mit der Umgebung kann jedoch auf diese scheinbaren (improper mixtures) für lokale Systeme führen (Dekohärenz), die genau die erwarteten Ensembles von Messergebnissen erklären, als wenn sie echte Ensembles wären. Die Ausblendung des Restes der anderen (Realitäten) übernimmt das mit den sich verzweigenden Beobachtungszuständen korrelierte Viele-Welten-Theorem".

In der Tat dekohäriert und delokalisiert die nach der Messung weiterlebende globale Wellenfunktion die Wellenpakete nur lokal, währenddessen global die Verschränkungen sich sogar noch verstärken können. Doch aus Weizäckers oder Heisenbergs Sichtweise würde man argumentieren: Die Dichtematrix drückt wie alle quantenmechanischen Beschreibungen Wissen aus. Objektiv ist der Zustand des Messapparates nur in dem Sinne, dass man keinen Wiederspruch gegen mögliche Vorhersagen der Observable herleiten kann. Dies ist so, weil die Phasen der Komponenten des Zustandsvektors die für die Vorhersage nötig wären, nicht bekannt sind. Sie sind verloren im Abgrund der Irreversibilität. Der Beobachter zieht es daher vor, da er die dynamische Entwicklung nicht hat verfolgen können, weiterhin von einem reinen vorliegenden Zustand auszugehen, nur das wir aber seine Spur verloren haben. Eben das verstehen wir unter einem statistischen Gemisch.

Wenn das Quantensystem gemessen worden ist hat das System seine Anfangsbedingungen vergessen, hat vergessen wie es präpariert worden ist. Die Superposition ist lokal dekohäriert, hat ihre Phasenbeziehungen verloren und global an die Umgebung abgegeben. Die Vereinigung von Dynamik und Prozess bringt somit nicht nur Harmonie, sondern auch Grenzsetzung. Dies heißt also einen irreversiblen, von der Idealisierung abweichenden real, autonomen und subjektiven Weg auszuwählen. Generell sollten also *reale* Quantenobjekte all ihre Eigenschaften immanent, individuell, gleichzeitig und vor allem unabhängig davon besitzen, ob und wie sie gemessen werden. Man kann den Realitätsbegriff auf der mikroskopischen Ebene aber auch aufweichen, indem man annimmt das die Quantenobjekte keine bestimmten oder definiten, sondern nur über dispositionale Eigenschaften verfügen, welche erst mit der Messung eben in solche kondensieren oder auf derartige klassische Eigenschaftsfelder supervenieren.

Man kann dies auch anders ausdrücken. Wir beschreiben nicht wie Atome sind, sondern was wir über sie zu sagen vermögen. Denn klassisch verstanden sollte ja grade dieses *ist* oder *es-gibt* eben nicht davon abhängen, was wir über sie zu wissen, zu sagen oder zu messen vermögen. Quantenmechanisch kann jedoch gezeigt werden, dass wiederum die Information vollständig ist, daher also unser Wissen tatsächlich gewissermaßen ihr *ist* und *so-sein* widerspiegelt. Eben mit schwerwiegenden Konsequenzen für die Realitätsauffassung selber.

8.4 Realität revisited

Während wir in der Regel in einem Ozean an Hoffnungslosigkeit, Verzweiflung, Unsicherheit, Zerstreutheit und Ignoranz treiben, stellt Realität sozusagen den Trostpreis, den trittfesten Boden unter unseren Füssen dar. Ein Fundament auf dem wir bauen, unser Leben bilden und organisieren können. Realität ist der Motor und das Getriebe aus denen wir moderate Grundsätze ziehen, die Übersetzung des möglichen, des schöpferischen Geistes in die bittere, unnachgiebige graue Realität. Denn wir brauchen gelegentlich einen Anker in Stürmen. Ein sich zurücksehender Trost und Heimatgefühl. Eine Art *Baseline* von der aus wir befähigt, diese Wirklichkeit und ihre Gegenwart mit all ihren Unzulänglichkeiten zu attackieren.

Wirklichkeit ist die einzige Form von Existenz die wir kennen oder anerkennen, vielleicht gar zu denken vermögen. Realität ist ein notwendiges evolutionäres (Neben)produkt, das durch das Leben selbst ausgelöst, als auch gebrochen ist. Auf Wirklichkeit zielen all unsere wissenschaftlichen Bestrebungen und richten sich an ihr aus. Doch anderseits ist das Leben selbst keine bewegungslose Statute, sondern eine Zwangsfolge potenzieller Verwirklichungen durch die jeweiligen ansässigen Zeitgeister ihrer virtuellen Welt. Ein Himmel unter der Illusion der Ewigkeit. Nicht mehr als ein Fußtapfen auf dem ewigen Pfadintegral des Wandels.

Realität ist ein körniges und atomistisches und doch in der Weise seiner immanenten Potenzialität auch kohärentes Gefüge, dessen jeweiligen Strukturen und damit einhergehenden möglichen Verwirklichungen eben nur solange existieren, wie ihre Bezüge und Glaubenssätze, welche sie voraussetzten, vernetzten und sich selbst zur Einheit auszubilden vermögen.

Realität ist nicht bedingungslos oder voraussetzungslos, sondern gewusst und bewusst. Es ist darüber auch stets die Suche nach Ursachen und Gründen oder deren Übergangen. Zeichen, Symbole, Zahlen, Formalismen und Theorien vermögen keine Welten oder Realitäten zu schaffen, doch sie wirken als Potenziale, Konstituenten oder Anreize für die Realisierung einer Wirklichkeit.

Nochmals zur Erinnerung: Welt ist ein Standpunkt, der mit abgegrenzten Perspektiven analysierbar ist. Es gibt kein *all*-schauen oder *all*-wissen und doch sind wir wohl auf dem Weg zu einem intelligiblen Universum. An dieser Stelle der Evolution stehen sich Epistemologie und Ontologie als gleich berechtigte Partner gegenüber. Diesen Fakt noch länger leugnen zu wollen, wäre genauso radikal, wie die Implikationen der Quantenmechanik zu ignorieren und am klassischen Wirklichkeitsparadigma festzuhalten.

Auch die moderne Metaphysik ist eine ganze und gar von Zeichen und Symbolen betriebene Strategie, welche die Transformation vom Ich zur Welt und umgekehrt erst ermöglicht. Doch die Entstehung oder Eigenschaft des Realen ohne wirklichen Ursprung stellt sicher auch eine intellektuelle Herausforderung dar.

Realität ist die *Ideologie* der Seinsauffassung. In jeder Wirklichkeitsauslegung geht es nach Baudrillard schlussendlich darum, das reale durch das imaginäre zu beweisen. Doch Realität besitzt kein eigentliches negatives Attribut, es ist vielmehr ein Prinzip. Doch auf der anderen Seite ist Potenzialität wohl auch Gegenspieler der Realität. Das Segel vom Sein zum Werden.

Doch wir nehmen Realität immer noch als Platons Schattenspiele wahr, die von einer mystischen und unverstandenen Lichtquelle verursacht, an die Wände unserer Höhle die wir bewohnen; das Theater des Lebens projiziert werden. Doch wir sind nicht nur epistemisch, sondern auch ontologisch in diese Ereignisvielfalt eingebunden. Wir sind Teil des Lichtes. Hier läuft die Physik noch immer der Philosophie hinterher.

Natter drückt dies in seiner Philosophie der Physik so aus: „Wer einen Film auf DVD ansieht, nimmt eine Datenwandlung von zeitlos fixierten, binär abstrakt-begrifflichen Maschencode in dreidimensionale bewegte, farbig und tönende Benutzeroberfläche des Bildschirms wahr. Jede Realität besteht letztlich aus Information und Energie. Der Informationsgehalt der physischen Welt ist in mathematischen Strukturen codiert. Die dreidimensionale Welt die wir erleben ist ebenfalls eine Datentransformation aus dem elementaren Maschinencode des Universums, auf den kosmischen Bildschirm von Raum und Zeit oder multimedialen Benutzeroberfläche des Bewusstseins eines Subjekts".

Die objektive Realität der Physik ist die Realität physikalischer Objekte als Erscheinungen, nicht die Idealität der ihnen zugrundeliegenden Dinge *an-sich*. Jede Realität ist nur für das Empfinden da. Sie fördert das Empfinden und wird jeweils nur mit den spezifischen Ordnungselementen ihres vorherrschenden Paradigmas empfunden. Da nach Lyre insofern unser Aufweis dieser Realität aber an Konstitutionsleistungen apriorischer Erkenntnis gebunden ist, bricht die Unterscheidung zwischen ontisch und epistemisch jedoch zu einem Teil zusammen.

Wenn der Zustand von dem abhängig ist was der Beobachter tut, dann führt dies zu einer kritischen Auseinandersetzung was wir noch unter *objektive* Welt zu verstehen mögen. Die Vorstellung einer objektiven vom Beobachter unabhängigen Welt wird also nicht mit der Frage ob Teilchen oder Welle gelöst, sondern die Schwierigkeit liegt vielmehr darin, das keine Erscheinung der atomistischen Welt ohne *Rückgriff* auf den Beobachter beschrieben werden kann.

Eine andere damit eng verbundene Frage der Quantenphysik ist also, ob Aussagen über Zustandsvektoren gleichzeitig auch

Aussagen über einen Beobachter implizieren oder ob sie überhaupt reale physikalische Zustände repräsentieren (unter dem *PBR Theorem*, dass jedoch ein ontologisch-epistemischen Dualismus voraussetzt, tun sie dies) und in welcher Näherung Messobjekt und Messapparat als ein Gesamtobjekt, dieselben Aussagen über ein Objekt gewonnen werden können, wenn man es als isoliertes Objekt betrachtet. Dies kennzeichnet den *Heisenberschen Schnitt*, beziehungsweise die Verschiebung dieses Schnittes zwischen Objekt und Beobachter.

Bohr forderte, dass um ein Phänomen sein zu können, es in klassischen Begriffen beschrieben werden müsse, daher ohnehin der Rückgriff auf das Bewusstsein des (klassischen) Beobachters überflüssig wäre oder anders betrachtet, grade deshalb dieser Schnitt nicht über die Messaparatur (auf Bewusstseinszustände) hinauszugehen braucht, da wir ohnehin die gleiche *Sprache* wie die klassische Messapparatur sprechen.

Doch andererseits musste der klassische Dualismus von Teilchen und Feld (Welle) nun auf ein und dasselbe Objekt angewandt werden, was die Einführung des Konzeptes der Komplementarität erzwang.

Es erlaubt die beobachtbaren Phänomene auf Basis einer uns vertrauten klassischen Anschauung oder Analogien zu beschreiben. Wenn eben auch mit einer schwerverdaulichen Doppeldeutigkeit. Doch das Konzept der Komplementarität war von vornherein nur als ein temporäres methodisches Hilfsmittel gedacht.

Auch Bohr wusste dass im Laufe der Zeit sich die Wogen glätten, will heißen, sich die Formen oder Widersprüchlichkeiten von Quantenphysik und Klassik angleichen. Doch dies kann offensichtlich nur über den Realitätsbegriff auf Basis der Energie-Informationsäquivalenz erfolgen, welche wechselseitige Transformationen zwischen Subjekt und Objekt erlauben, also den Übergang zwischen der Mechanik der Möglichkeiten, zu den der Fakten ermöglicht.

Doch damit stellt sich die Frage, ob man dann nicht die Information als eine Art Ladung der Energie betrachtet, in Analogie zu den gewöhnlichen Ladungen als Generatoren der Gruppe.

Dingle drückt dies sinngemäß so: „Die Dinge mit denen sich die Physik befasst sind nicht Messungen objektiver Eigenschaften, sie sind lediglich die Ergebnisse welche wir erhalten, wenn wir gewisse Operationen ausführen. Die Frage ist also, wie diese Operationen selbst mit dem abstrakten Begriff von Realität zusammenhängen. Besitzen sie einen konstitutiven selektiven Charakter oder werden sie selbst durch die zu untersuchenden Naturgesetze oder Zusammenhänge bereits gewissermaßen schon vorgegeben"?

Die Quantentheorie ist als physikalische Messtheorie auch eine philosophische Grundsatztheorie der Erkenntnis und somit wiederum konstitutiver Grundstein von Realität selbst. Es handelt sich also nicht nur um eine Beschreibung des Objekts oder Subjekts, sondern wie und auf welche Weise die beiden Antipoden zusammen oder voneinander abhängen müssen, damit so etwas wie Realität aus einer potenziellen Ereignisvielfalt geschöpft werden kann. Doch es geht dabei eben nicht nur um das empirische Subjekt, sondern vor allem um das transzendentale Subjekt Beobachter.

Die Physik war und ist sicher immer noch zu einem guten Teile das Bemühen, das Seiende als etwas begrifflich zu erfassen, was unabhängig von uns wahrgenommenen und gedacht werden kann. Die moderne Physik lehrt jedoch, dass dies nicht nur unmöglich, sondern dem Naturprinzip der *Schöpfung* selbst entgegensteht.

Wir wollen dazu noch ein von Prigogine entnommenes Zitats Mereau-Potny anführen. „Solange ich am Ideal eines absoluten Beobachters, einer Erkenntnis ohne Standpunkt festhalte, kann ich in meiner Situation nur eine Quelle des Irrtums erkennen. Wenn ich aber einmal erkannt habe, das ich durch sie mit allen Handlungen und Erkenntnissen verbunden bin, die für mich sinnvoll sind, das sie alles enthält was für mich sein kann, dann enthüllt sich mir mein Kontakt mit der Endlichkeit meiner Situation als Ausgangspunkt jedweder Wahrheit, einschließlich der Wahrheit der Wissenschaft und da wir eine Idee der Wahrheit besitzen, da wir in der Wahrheit sind und nicht aus ihr herauskönnen, bleibt mir nur noch eine Wahrheit in der Situation zu definieren".

Die Möglichkeit Kuhnscher Krisen indiziert also grade die endliche Informationsmenge eines Gesetzes oder Paradigmas. In der Tat ist *Verendlichung* die Vorrausetzung für Existenz überhaupt. Der Endlichkeitscharakter erzwingt eine Entscheidbarkeit durch oder als verwirklichte Alternativen. Denn wir können nur wissen was ist, doch lange nicht alles was möglich und kaum was nicht möglich ist. Daher ist die Forderung nach Vollständigkeit genauso illusionär wie nach Widerspruchslosigkeit. Alle Systeme lassen sich wie erwähnt auf elementare Subjekt-Objekt Beziehungen reduzieren. Sowohl holistische als auch reduktionistisch gebrochene Systeme ziehen folglich immer *Unschärfen* nach sich. Es ist kein Zufall dass unsere dualistische Welt (physisch-physikalische und formale oder ideell-mathematische) eng mit den Namen *Heisenberg* und *Gödel* verknüpft sind. Letztlich ist wohl das Unterbewusstsein bis zu einem gewissen Grade auch nur eine Konsequenz dieser rekursiven Subjekt-Objekt Verknüpfung, wenn sicherlich überlebensnotwendig auch mehr als nur ein blinder Fleck.

Bohr wird oft in einem negativen Kontext zitiert: „Es gibt keine Quantenwelt. Die Physik kann keine Aussagen darüber machen wie die Welt ist, sondern nur darüber was wir über sie wissen können". Was Bohr wohl eigentlich meinte, dass grade dieses *ist* oder *es-gibt* und das mögliche *Wissen* darüber, keine getrennten Qualitäten oder Entitäten darstellen, sondern eine untrennbare *ontisch-epistemische Verknüpfung* darstellt.

So repräsentiert nach der Kopenhagener Deutung die Wellenfunktion eine unauflösbare Verknüpfung zwischen Mikrosystem und

Makrowelt. Nach Bohr müssen wir den Realismus der klassischen Physik aufgeben. Bohr definiert dabei die Planckkonstante in der Wechselwirkung zwischen einen Quantenobjekt und dem Messapparat, als nicht mehr separierbar. Nur dem gesamten Prozess, einschließlich der Messwechselwirkung können numerische Werte zu geschrieben werden. In diesem Sinne verschafft uns die Antwort, also das Messresultat keinen Zugang zu einer gegebenen Realität, sondern führt uns zu einem subjektabhängigen, konstruktivistischen Realismus. Mit anderen Worten zu einer Schöpfungsleistung.

Bohr drück dies in seinem Komplementaritätsprinzip so aus: Die verschieden Sprachen und Ansichten über das System, (z. B. Welle-Teilchen-Dualismus, Zustandsreduktion, Unschärferelation, ec.) sind komplementär. Sie handeln alle von der gleichen Realität, obwohl es unmöglich ist sie auf eine einzige Beschreibung zu reduzieren. Hier kommt die Unmöglichkeit zum Ausdruck, einen gottgleichen, daher beobachterunabhängigen Standpunkt anzunehmen. Wozu uns die Planckkonstante also vielmehr zwingt, ist eine Revision entweder der physikalischen Begrifflichkeiten oder der Realität selbst.

Die Konsequenz besteht also entweder darin, dies in dem Reichtum der Realität auszudrücken oder sie selbst auf Subjekt oder theorienabhängige Wahrheiten abzubilden, wobei sich wohl beide Ansichten nicht prinzipiell ausschließen, sondern vielmehr eben (komplementär) ergänzen. Das Ideal einer beobachterunabhängigen Realität wird wann immer möglich angewendet. Anderseits akzeptiert man Wahrheiten immer schon vornherein nur als Übergangswahrheiten, bezogen auf heutige Wissenszustände. Alle Annahmen sind Rahmenbedingt und nicht Voraussetzungslos. Es gibt kein Allwissen, nur sukzessive Wissensanreicherung.

Letztlich stehen also unausgesprochen alle Experimente immer schon in Relation zu einem Beobachter (der eine Unterscheidung trifft). Oder anders ausgedrückt: Der Beobachter wird immer schon vorausgesetzt. Selbst für Bell besteht eine Unmöglichkeit einer scharfen Trennung zwischen dem Verhalten atomarer Objekte und der Wechselwirkung mit den makroskopischen Messinstrumenten, die dazu dienen, die Bedingungen zu definieren unter denen die Phänomene erscheinen.

Doch anderseits steht auch nirgendwo geschrieben, dass alle Dinge *wirklich* sein müssen. Will man am klassischen Realitätsbegriff festhalten, so ist der Beobachter im Gegensatz zum Quantenprozess eben nur eine schweigende Größe und die Eigenschaften oder Entitäten der Quantenobjekte nur *dispositionale* (kontextabhängig) oder *Propensitäten* (objektive und modale Tendenzen), welche auf klassische Größen oder Eigenschaften supervenieren.

8.5 Das Dasein als Beobachter

Der vielfache Einwand im Bezug zur ausgezeichneten Stellung des Beobachters in der Quantenphysik lautet: Der Weltprozess sollte doch unabhängig davon ablaufen, ob wir ihn beobachten oder nicht! Welt bedeutet *immer* nur perspektivischer Standpunkt, der sich in der Regel auf einen verwirklichten Nexus bezieht, welcher eben diese Welt aus dem damit verbundenen Standpunkt seiner Ordnungselemente heraus, als Einheit zu empfinden vermag. Tatsächlich verallgemeinerte Whitehead ja grade diesen Weltprozess auf alle möglichen oder denkbaren Perspektiven und Standpunkte. Doch hat dieses *mögliche* und *denkbare* dann somit selbst wiederum nur Sinn und Bezug zum menschlichen Beobachter. Zwangsläufig müssen wir zudem immer über Dinge sprechen. Wir sind primär sprachliche Wesen. Aller Wissensgewinn und Erkenntnis muss sich daher immer schon auf diese Perspektive des menschlichen Daseins und den darauf fußenden Strukturen beziehen. Die klassische Welt vernachlässigt zwar formal den Aspekt des Daseins, epistemisch ist er jedoch unausgesprochen und notwendig mit gesetzt. Verstehen und Sprache sind Existenzialen des Daseins und nicht eine der Welt immanenten Eigenschaft.

Weiterhin messen wir nie Wirklichkeiten *an-sich*, sondern nur Zeigerstellungen, die wir dann als objektive Entitäten oder Eigenschaften interpretieren. Ein *Atom-sein* wird nicht als ein solches *Ding-an-sich* im verstehenden Daseins frei, sondern bleibt immer eine menschliche Interpretation eines Planetenmodels; eine begrifflich-physische Symbolik, die ihm erst durch gewisse Klassifikationsschemata wesentliche Qualitäten zuordnet. Abgesehen davon es nichts als Chaos ist. Wenn wir uns folglich fragen, ob eine Welt ohne uns immer noch die selbe wäre; wir uns gedanklich also erst einen, dann den nächsten und letztlich die ganze Welt um den letzten Menschen vermindert denken, dann bleiben keine wundervollen Landschaften, glühende Gestirne und eine wohltuende Stille zurück. Wir erinnern uns: Objekte liegen dem Dasein nicht voraus, sondern mit dem Verlust des Daseins geht das ontologisch-epistemische Apriori, alle wechselseitigen Sinn – und Sinnesbezüglichkeiten verloren, welche Welt konstituiert und so erst für uns als empfindbar, wahrnehmbar und denkbar gestaltet.

Zurück bleibt Chaos, also dem fehlen jedweder Ordnung. Und wozu sich nichts sagen lässt, solle man bekanntlich schweigen. Doch die Erfahrung lehrt, man muss dem Denken oder der Vorstellung Gewalt antun, also mit aller Konsequenz gedanklich noch einen Schritt darüber hinaus gehen und den Mensch und Beobachter symbolisch vor ein schwarzes Loch stellen. Erst hier wo (nahezu) keinerlei Informationen mehr hinaus und das Leben nicht mehr hinein reicht, sieht man erst mit alarmierender Deutlichkeit vor Augen, wie alle sinnhaften und ordnungsgebenden Strukturen ihre Macht verlieren. Ein schweigendes, unantastbares Nichts. Erst dies heißt die *Kette* zwischen Subjekt und Objekt zu zerreißen. Nur wir besitzen den Begriff des Seins und damit und die Vorstellung der Existenz. Nur wir vermögen uns gleichzeitig eine Vergangenheit, die in einer Gegenwart mündet und hin zu einer Zukunft übermittelt wird vorzustellen und diese in einem physikalischen Wirkungszusammenhang (Gesetze) zu bringen. Für alles andere existiert kein derartiges Sein, verlieren sich alle darin vollzogenen Sinn – und Bedeutungszusammenhänge. Wir sind die sinngebenden Strukturen dieser Welt.

Nur im verstehenden Sein, nur in der Wissenschaft gibt es eine bestimmte oder zu bestimmende Wirklichkeit auf Basis von Theorie, Formel und Verifikation durch Messung. Wissenschaft ist im Zuge des Selbstverwirklichungsdranges des menschlichen Daseins mittlerweile Teil unseres Milieus und somit genau wie unser natürliches Habitat in der Lage Einfluss zu nehmen. Andersherum ist Theorie selbst konstitutiver Teil einer sie angreifenden und umspannenden Wirklichkeit und mathematische Glieder und Zusammenhänge impliziter Teil jeder durch sie repräsentierten Wirklichkeit.

Auch Weizsäcker wurde nie Müde zu betonen, das Bohr den Begriff der Komplementarität weit weniger als eine empirische Tatsache verstanden wissen wollte, sondern sich vielmehr auf die Struktur der (menschlichen) Erkenntnis bezog, also grade als eine erkenntnistheoretische Prämisse verstanden wissen wollte. Im Menschsein bewegen wir uns unvermeidbar immer in überschneidenden Welten und Standpunkten. Wir sind sowohl klassische Objekte einer unverrückbaren Welt der Objekte, als wir uns wiederum auch selbst (als Subjekte) im Fluss von wechselseitigen Objektivierungen bewegen.

Das Flüchten des Daseins mit der so gewonnenen Beute aus dem Messprozess, beschreibt dabei den Übertritt und Übergang in die klassische Welt von Wirklichkeit, Faktizität und Existenz. Was unmittelbar vorher nur Möglichkeit, ist nun Faktizität (für ein Subjekt). Eine unverrückbare Tatsache und Wirklichkeit. Wenn wir uns also im Nachhinein mit diesem Wissensgewinn und folglich bereits veränderten Welt bewegen, dann geschieht dies gewöhnlich wieder in der klassischen Theorie, in der wir das quantenphysikalische Pendant von *etwas-Seienden* in den Händen und Köpfen halten und als Realität in der sich andrängenden Dingwelt festzumachen befähigt, gewohnt und genötigt sind.

Die Forderung eines beobachterunabhängigen Weltgeschehens ist jedoch eine streng klassische und keine quantenmechanische Forderung. Extrapolieren wir also über den menschlichen Beobachter hinaus, dann streng genommen auch über den Gültigkeitsbereich der Quantenmechanik und sicher auch über den des Realitätsbegriffes. Die Frage der Realität ist somit eine des menschlichen Daseins. Der Mensch ist wie Weizsäcker es ausdrückte: Ein Kind der Natur und sein Wissen ist selbst ein Vorgang in der Natur. Somit ist jedes epistemische Postulat zugleich auch immer eine Behauptung über ein Vorgang oder eines Prinzips der Natur. Wir hätten nach Weizsäcker somit Naturgesetze erklärt, wenn wir diese auf die Vorbedingungen von Erfahrung zurück geführt hätten, daher als Möglichkeit, Wirklichkeit mit Hilfe einer inhärenten Energie-Informationsäquivalenz auszudrücken.

Für Weizsäcker ist daher die Wellenfunktion als Wissen definiert. „Die Reduktion des Wellenpaktes ist keine dynamische Entwicklung der Psi-Funktion gemäß der Schrödingergleichung. Sie ist Wissensgewinn durch Ablesung. Die Psi-Funktion repräsentiert die Menge der Komponenten des Zustandsvektors; in diesem Sinne also nichts anderes als die vollständige Liste aller möglichen Vorhersagen, die man über das Ergebnis einer künftigen Messung machen kann, sofern das Ergebnis der letzten bekannt ist. Besser als Zustand versteht man Psi also als ein Wissenskatalog, der aus einem beobachteten Faktum folgt und die Wahrscheinlichkeiten für eine Unendlichkeit möglicher Ereignisse angibt.
   Nicht mehr und nicht weniger. Die Zukunft ist somit prinzipiell nur in Gestalt eines Wahrscheinlichkeitskataloges für ein mögliches Ereignis bekannt, dessen Geltung eben nur bis zur nächsten Messung reicht, darüber hinaus jedoch nur als Gemenge von Psi-Funktionen zu den möglichen Resultaten der Messung". Interpretiert man die Wellenfunktion in diesem Sinne, gibt es wie

Weizsäcker bemerkt, eben nicht die tot-lebendige Katze, sondern nur mögliche Kenntnis der Zustände und damit kein Paradoxon.

Wobei nun aber nicht per se das Bewusstsein (biologischer Aspekt), sondern der der bewussten Wahrnehmung (epistemischer Aspekt des Daseins), im Sinne eines konstitutiven Weltmomentes es ist, welcher den irreversiblen Akt bewirkt. Wir erleben Zeit nicht; daher sie fließt nicht vor unseren Augen unbehelligt vorüber, sondern wir leben sie. Wir sind Teil dieses konstitutiven Weltmomentes. Eine andere und dazu äquivalente Ausdrucksweise wäre also zu behaupten, dass der Aspekt der Information somit immer schon Teil dieses organisch konzipierten Weltgeschehens ist. Damit wird also auch ersichtlich warum der Heisenbergsche Schnitt hinter der klassischen Messanordnung zu ziehen und nicht etwa auf Bewusstseinszustände ausgedehnt zu werden braucht. Einfach darum, weil Wissenschaft als formales Pendent des Daseins implizit im Aufbau, Struktur, Formalismus, im Sinn und Bedeutung dort längst schon zu Worte gekommen sind. Also bereits impliziter Teil dieser Wirklichkeitsschöpfung sind.

8.6 Moderne, Klassik und Organistik Hand in Hand

Welt stellt ein begriffliches Ganzes dar, das wohl wellenmechanisch zu beschreiben ist. Allerdings herrscht über die ontologische Interpretation, daher im Allgemeinen über den Realitätsstatus dieser Strukturen Ungewissheit. Wir müssen uns der Tatsache bewusst sein, das der Wirklichkeitsbegriff der Grundstein allen physikalischen, philosophischen und metaphysischen Erlebens und Strebens verkörpert. Damit sollte der Begriff der Wirklichkeit idealerweise bereits schon vorher verfügbar, also unabhängig von der Theorie vorliegen. Zeichnen wir noch einmal den Weg nach.

Prinzipiell war die Grundidee dabei folgende. Unser Lösungsansatz bestand einfach darin, das Problem umzukehren. Das heißt nicht von vornherein den Entitäten der Quantenmechanik Realstatus zu zusprechen und damit im Grunde genommen wieder das Messproblem zum zentralen Thema der Quantenmechanik zu erheben, sondern vielmehr den Quantenprozess selbst, hinsichtlich des Wirklichkeitskonzeptes als Vergleichspunkt zur Klassik zu nutzen. Mit anderen Worten mit seiner Hilfe zu erkunden, was Wirklichkeit überhaupt ist, unter welchen Bedingungen wir sie vorfinden, wie sie zu beschreiben oder gegebenenfalls zu formalisieren ist.

Dabei wurde auf mikroskopischer Ebene klar sichtbar, was wir diesbezüglich unter Wirklichkeit zu verstehen haben. Wirklichkeit heißt in diesem Sinne Prozess und dieser lässt sich nicht mehr auf ein beobachterunabhängiges *Sein* verallgemeinern, sondern muss als strukturgekoppeltes und wechselseitig aufeinander bezogendes Ganzes verstanden werden. Wobei sich jedoch so unverhofft heraus stellte, dass das wohl älteste Paradox des (grübelnden) Menschen: Dem unvereinbaren Gegensatz von *Werden* und *Sein* mit Hilfe des aus der Quantenmechanik entwickelten Dekohärenzmechanismus, als Grenzübergang zur klassischen Physik, man nun aufzulösen in der Lage ist. Damit wurde aber andererseits auch offensichtlich, dass somit der klassische Wirklichkeitsbegriff prinzipiell nicht mehr auf die Quantentheorie(n) anwendbar ist und den Quantenobjekten damit per se kein *Sein*, im (klassischen) Sinne zu gesprochen werden darf.

Es handelt sich also nicht um logisch sich wechselseitig ausschließende Möglichkeiten eines *Vorhandenseins*, sondern grade um den entgegengesetzten Fall, einer ganzheitlichen Wahrscheinlichkeitsstruktur, also um *Bedingtheiten*. Damit wird nun auch die Rolle der Wellenfunktion hinsichtlich ihres ontischen Status ersichtlich. Die Wellenfunktion beschreibt nur mögliche Zustände. Sie trägt also *Informationscharakter*, bleibt aber dennoch auf Grund der Energie-Informationsäquivalenz um nichts weniger real. Generell sollte man also daher, wenn man von Quantenobjekten spricht, besser von Propensitäten, also objektiven Tendenzen modaler oder dispositionaler Eigenschaften sprechen.

Wirklichkeit im klassischen Sinne verstanden, ist ein aufgrund der Dekohärenz und damit einhergehenden epistemischen Unterbestimmtheit, ein rein klassisches Phänomen oder Konzept, das keinerlei Entsprechung in der Quantenphysik findet. Man hat also letztlich die Wahl zwischen einer Wirklichkeit (QM) die sich nicht einfangen lässt oder welche aufgrund ihrer Trägheit (Klassik) redundant erscheint. Doch letztlich müssen wir irgendwo den Zirkel durchbrechen und dies gelingt traditionell besser im klassisch-reduktionistischen Sein. Die Idealisierte und oft etwas vereinfachte Sicht und Darstellung als hervortretende und sich gegenüberstehende Antipoden unterschlägt jedoch auch den Fakt, dass es sich in der Regel nur um ein und dieselbe Medaille; es sich tatsächlich also um ergänzende und wechselseitig aufeinander angewiesene Konzepte handelt. Wir also über mikroskopische und kosmologische Konzepte und Anschauungsformen, nur aufgrund makroskopischer Größen verfügen.

9 Zeit und Wissen

9.1 Thermodynamik

Verfolgt man die Konsequenzen der Entropielehre, so ergibt sich aus dem ersten Hauptsatz, dass theoretisch alle Prozesse umkehrbar sind, dies gehört zu den Grundforderungen der Dynamik. Zweitens ergibt sich aber, dass in Wirklichkeit nahezu alle Prozesse irreversible sind. In der Tat stellt der zweite Hauptsatz eine einseitige Tendenz fest. Dies ist das Leben, der Mensch selbst, der die Natur erkennend durchlebt. Schon im Begriff der Kraft ist stillschweigend ein Richtungsgefühl, das eine Beziehung vom vergangenen hin zur Zukunft suggeriert oder deutlicher: Naturvorgänge als Prozesse bezeichnet. Durch den ständigen Prozess des Hervorgehens wirklicher Einzelwesen aus anderen, ergibt sich nach Whitehead eine Gerichtetheit, ein Vektorcharakter von Empfindungen.

Hierdurch ist jeweils die Ursache in der Wirkung enthalten. Die Zeit verkörpert dabei das Vehikel dieses Übergangs. Jeder Wissenschaftler oder Philosoph ist sich dabei aus innerer Gewissheit bewusst, dass der Weltprozess selbst, als auch die ihm zu Grunde liegenden individuellen Prozesse von irreversibler Natur sind.

Die organistische Philosophie richtet vor allem das Augenmerk auf den sich vollziehenden Aktes des Überganges von der möglichen zur wirklichen Welt, dessen ganzheitliche Struktur modal und nicht als fließende Durchgangspunkte durch ein räumliches Nadelöhr, zeitlich interpretiert werden. Welt ist nicht zeitlich weil sie entlang tickender Uhren geschieht, sondern weil sie sich fortwährend *zeitigt*, daher verwirklicht. Diese Zeit ist erlebt und gelebter Schöpfungsprozess. Zeit bezeichnet in der Organistik keine unabhängige Größe, sondern ist fest an die Existenz gekoppelt. Zeit ist die gestreckte Länge der Existenz.

Die organische Zeit ist innere Dauer und keine über die der Existenz reichende, also räumliche Horizonte umgrenzende Gewalt. Sie ist eine existentielle und damit finite Größe. Doch selbst die klassische Zeit ist nicht durch die sie erfüllenden Körper objektiv eingeteilt. Sie hat keine natürlichen Gliederungen. Wir können oder müssen sie deshalb nach Belieben einteilen. Doch alle Augenblicke haben denselben Wert. Anderseits (er) kennen wir eine Veränderung immer erst als bereits sich schon vollzogenen Akt.

Nun sind sicher beide Zeiten, die innere prozessuale Dauer und die konventionell physikalische Zeit nicht dieselben. Die physikalische Zeit stützt sich dabei auf ein konventionelles Koordinatensystem, das ein Gesamtzug metaphysisch vereinbarer Merkmale enthält. Sozusagen ein verifizierbares Welt, Maß –, und Messsystem darstellt. Nach der Kritik Spengler und Bergson verkörpert jedoch jenes so immer verfügbare und für jeden zugängliche Maßsystem, grade einseitig den Aspekt der verräumlichten Zeit; also der in Tagen oder Jahren gemessene Zyklus der Sonnenbewegung oder Erdrotation, der bewegte Zeiger der Uhren, der ein genau definiertes und unterteiltes Raummaß als kreisende Bewegung (die Bewegung und Zyklen der Gestirne imitierend) durchmisst. Was wir daher nun bisweilen im Bezug zur Entropie und den damit einhergehenden Problemen zum Zeitpfeil zumeist unreflektiert (Analogien des Alltags gebrauchend beschreiben), bezieht sich somit meist nur auf die reversible Bewegungsumkehr und wird in unzulässiger Art und Weise auf die Zeitumkehr (hier modal verstanden) verallgemeinert.

Natürlich stellt sich quantenphysikalisch dann aber auch die Frage, wenn es quantenmechanische Möglichkeiten gestattet (irreversible) klassische Fakten zu werden, ob dann auch der Umkehrschluss gilt? Aber in jeden Falle sollte klar sein, das dann dessen was wir im allgemeinen unter Irreversibilität verstehen, dann prinzipiell reversibel sein könnte, daher auch der Kollaps theoretisch umkehrbar wird, also Fakten zu Möglichkeiten (und dies nicht nur in Richtung modaler Zukunft) werden. Nach Weizsäcker liefert jedoch auch das H-Theorem nur dann die gewünschte Irreversibilität, wenn der Schluss auf die Zukunft vermittels Wahrscheinlichkeit erlaubt, der auf die Vergangenheit jedoch grade verboten wird. Doch auch in der Retrodiktion aus dem heutigen Zustand eines Objektes gemäß der Schrödingergleichung, folgen die vergangenen Fakten über dieses Objekt nicht notwendig. Die Wahrscheinlichkeit etwa das Resultat der Messung eines vergangenen Faktums, aufgrund eines Resultates einer späteren Messung ist im Allgemeinen nicht *Eins*. Die Fakten der Vergangenheit folgen nicht mit Notwendigkeit aus dem gegenwärtigen Zustand.

Die Gegenwart muss man zweifelsfrei gewinnen, doch wie, daran scheiden sich die Geister. Dazu Weizsäcker: „Da die Zukunft in gewisser Weise schon da ist, könnte die Gegenwart mehr umfassen als eben nur einen Zeitpunkt". Demnach streckt sich die Vergangenheit in die Gegenwart und sie selbst noch ein wenig die Zukunft hinein, liegt also in der Sprache Heideggers nur als ganzheitliche Erstreckung vor. Die dem aktual Seienden immanente Potenzialität koppelt dabei wohl die verschiedenen Zeitmodi aneinander. Damit verliert jede Zeit aber mit ihrem so aufgebrauchten Brennstoff (realisierte Potenzialität) wiederum auch das Gedächtnis für ihre Anfangsbedingungen, ihre Ursprünge und Urgründe. Die faktische Vergangenheit wird also nicht nur von der probabilistischen Zukunft verdrängt, sondern auch fortwährend von ihr überschrieben.

Nach Bergson ist die Zeit Zeugung oder sie ist schlechthin nichts. Eine ständige Entwicklung ohne vorherbestimmten Zweck. Eine Intelligenz kann von diesem Fortschritt jedoch nur das erfassen, was sie in Gestalt manipulierbarer und berechenbarer Elemente zu fixieren vermag. Das Merkmal der Irreversibilität ist also unsere Partizipation am Universum, das dem Zeitpfeil die Richtung aufdrückt. Doch Zeit ist ohne Wissen ein sinnleerer Begriff. Zeit ist ein komplexer Zusammenhang zwischen wenigstens zwei Gliedern einer Kette. Es bedarf also nicht nur irgendeiner Zustandsänderung, sondern auch das Wahrnehmen eines solchen. Nur für diesen gemeinsamen Weltaspekt *gibt-es* oder genauer *geschieht* Zeit. Zeit ist also eine *Brücke* oder Übersetzungsprinzip zwischen Subjekt und Objekt, Vergangenheit und Zukunft, Faktizität und Potenzialität. Kurzum eine *Wechselwirkung* (Realität). Alles Seiende ist Raum, also Möglichkeit der Unterscheidung. Zeit dann folglich die vollzogenen oder sich vollziehenden Unterscheidungen zwischen einer solchen Subjekt-Objekt Relation. Aus Sicht der Evolution eine endlose Folge von Münzwürfen, in der sich jeweils eine gewisse biologische, kulturelle oder rein physikalische Zustandsklasse durchsetzt.

Der Fluss von einem wahrgenommenen Zustand zum anderen (von der Präparation bis zur nächsten Messung) wird dabei mit einer zeitlichen Semantik verbunden. Der Messprozess liegt also im Vorhinein nur als ganzheitliche Erstreckung aus. Er überführt als irreversibler Akt das Mögliche in die Faktizität. Der Übergang von der möglichen zur wirklichen Welt, wird dabei immer unter dem Aspekt der Unteilbarkeit betrachtet. Er lässt als holistischer Akt nicht mehr die Möglichkeit einer (klassischen) Trennung von Subjekt und Objekt zu. Der Prozess der den Beginn einer Zeitentwicklung startet und bis zum Ablesen anhält, besitzt dabei seine eigene innere Dauer, welche nicht weiter zerlegbar ist, denn die unmittelbare Kenntnis würde sowohl den physischen Prozess, als auch die subjektive Phase verändern. Man könnte also gewissermaßen im doppelten Sinne von einer *Eigenzeit* des Systems reden.

Insbesondere in Bezug zu *EPR* wird somit auch deutlich, dass dieser ganzheitliche Prozess nicht schon vor der irreversiblen Messung als zergliederte, voneinander unabhängig existierende Teile, also grade als *Realität* im Raum und Zeit auslegt. Solange keine Störung auftritt oder nicht gemessen wird, vereinfacht gesagt, das System also mikroskopisch beschrieben werden kann, bleibt der gesamte Prozess reversibel, nichtlokal und sogar akausal.

Wahrscheinlichkeit bindet dabei Zeit und Wissen über die Potenzialität aneinander. Messen lässt sich jedoch immer nur (*etwas*) Seiendes, einen Zustand, welcher zumeist durch den Energiebegriff repräsentiert oder ausgedrückt wird. Die Entropie ist ein quantitatives Maß, die im Wesentlichen die möglichen Darstellungsformen oder Repräsentationsmöglichkeiten der Energie dieses Zustandes, in Bezug zu unserem Wissen oder genauer Nichtwissen ausdrückt.

Prigogine drückt diesen Sachverhalt so aus: Was am Ende des 19. Jahrhunderts als ein Ozean beschrieben wurde, der die Thermodynamik von der Dynamik, die Welt des Seins von der des Werdens trennt, ist mittlerweile auf ein Fluss zusammengeschrumpft. Etwas was zwar immer noch zu breit ist um es überqueren zu können, doch schmal genug um eine Brücke zu schlagen. Diese Brücke gilt es nun zu beschreiben, welche vor allem eine Revision des Zeitbegriffes von der Zeit der Uhr, welche Bewegung misst, hin zu einer, welche mit dem (thermodynamischen) Werden zusammenhängt".
    Die Irreversibilität beginnt in der Klassik mit der Idealisierung der Trajektorie. In der Quantenmechanik dadurch, dass das ideale Objekt durch statistische Ensembles ersetzt wird. Während die Entwicklung eines Punktes reversibel und deterministisch ist, ist die Beschreibung eines Gebietes – so klein es auch immer sein mag, grundsätzlich statistisch. Es lässt sich nicht länger von Verteilungsfunktionen im Phasenraum zu individuellen Trajektorien übergehen.

Die Statistik ist somit nicht nur eine Näherung objektiver Wahrheiten (die man wenigstens im Prinzip wissen könnte), sondern ein wohl universelles Werkzeug. Dazu Poincare: „Wenn wir würfeln und die Wahrscheinlichkeit anwenden, bedeutet dies nicht das die Dynamik falsch sei, sondern das in jedem beliebigen kleinen

Intervall der Anfangsbedingungen ebenso viele Trajektorien enthalten sind, die zu jeder Seite des Würfels führen. Mit anderen Worten, Gott könnte im Prinzip die Trajektorien berechnen, würde jedoch auch nur dasselbe Ergebnis wie wir erhalten. Man kann den Fakt auch anders ausdrücken: Gott würfelt doch, aber es ist ein fairer Wurf, da die Anzahl der Seiten des Würfels zu der Wahrscheinlichkeit ihres Auftretens statistisch korreliert sind.

Es findet jedoch auch keine *echte* Zeitfolge zwischen den Ereignissen per se statt, sondern Zeitmodi werden einzig durch Wechselwirkung konstituiert. Auch Zeit existiert nicht unabhängig davon ob sie gemessen wird. Keine physikalische Größe tut dies. So liegt der Verdacht nahe, das die Unmöglichkeit einer Beobachtung von Zustandsänderungen, im Sinne einer stetigen Metamorphose zeitlich zu verfolgen von prinzipieller Natur ist oder anders formuliert, das die Beobachtung, daher im Allgemeinen das *Wissen* über ein spezifischen Zustand und sein analoges *Sein* nicht trennbar oder unabhängig voneinander sind.

Alles was man weiß und beobachten kann ist der bekannte Anfangszustand und definite Ausganszustand nach erfolgter Messung und irgendwo mittendrin eine ganze Reihe potenzieller Möglichkeiten, in Bezug auf diese zukünftige Messung. Wobei jedoch die Zeitabhängigkeit nur relativ zu einer als fest angenommenen Basis (die man in der Regel eben nicht kennt) sinnvoll zu definieren ist. Sollte die Zustandsänderung jedoch von rein physikalischer Natur und subjektunabhängig sein, sollte oder muss sie auch beobachtbar sein. Ist sie dies nicht, kann dieser Sachverhalt nur auf Basis einer Energie-Informationsäquivalenz erklärt werden.

In jedem Falle hängen beide Darstellungen oder Beschreibungen von einander ab. Die Welt ist unheilbar atomistisch, während das Werden sich einzig über die Potenzialität zu vollziehen scheint. Dabei wird der Raum selbst nicht durch eine (präexistente) diskrete Gitterwelt beschrieben, sondern durch potenziell-konstruktivistische Teilbarkeit. Somit ist die Grenze der Teilbarkeit auch zugleich eine

Grenze des Wissens. Doch letztlich gibt es kein Sein jenseits des menschlichen Wissens, noch ein Wissen jenseits der Physik oder ein Wissen der Physik jenseits der Theorie. Materie verkörpert dabei nur die Potenzialität oder Möglichkeit etwas zu empfinden. Doch handelt es sich dabei nicht wirklich um ein Wahrnehmen, als vielmehr um ein *Kenntnisnehmen*.

Es lässt sich in diesem individualisierten Prozess (im Sinne Bohrs) weder Information oder Energie (von außen) hereintragen noch abziehen ohne das Ergebnis zu beeinflussen. Besteht auch nur die prinzipielle Möglichkeit des *Wissenkönnens* hinsichtlich eines möglichen Ergebnisses, so verschwindet auch das Interferenzmuster. Allgemein mutet dieser unglaublich austolerierte oder sogar bisweilen verschwörerisch anmutende Balanceakt bizarr, wenn nicht gar unheimlich an. Betrachtet man ihn jedoch eben auf der Basis der *Energie-Informations-Relation*, wird dieser Prozess selbsterklärend und verständlich. *Wissen* ist im physikalischen Bereich die Möglichkeit der Realisierung einer *Messung*. Anderseits ist die Präparation bereits auch schon ein irreversibler Vorgang, aus dessen Wissen sich grade die relativen Wahrscheinlichkeiten ergeben.

Die Wellenfunktion startet im Allgemeinen aufgrund der künstlichen Abschirmung und Präparation von einem äußerst unwahrscheinlichen Nichtgleichgewichtszustand und entwickelt sich auf einen Zustand größter Wahrscheinlichkeit hin. Sicher sind die überwiegende Zahl aller betrachteten Systeme (zumindest wenn wir einen Beitrag leisten) Nichtgleichgewichtszustände und dennoch werden diese als atypisch betrachtet. Mit der Möglichkeit der Energie-Informationsäquivalenz verschiebt sich die Bilanz einfach perspektivisch. Das System gewinnt Ordnung aufgrund oder zu kosten seiner Umgebung. Doch da das Universum als Ganzes betrachtet, wie erläutert über keinen eigentlichen präexistenten Standpunkt oder Startpunkt, im Sinne von absoluter Wirklichkeit verfügt (und wenn, dann hätten die irreversiblen Prozesse bereits dazu geführt, dass das Universum sein Gedächtnis dafür verloren hätte), braucht man also in Bezug zum kosmischen Zeitpfeil nicht mit einem äußert unwahrscheinlichen Zustand beginnen.

In einem isolierten System streben alle Nichtgleichgewichtszustände auf demselben Gleichgewichtszustand zu. Wenn er das Gleichgewicht erreicht hat, hat das System seine Anfangsbedingungen vergessen. Jede Dissymmetrie senkt dabei die Zahl der Komplexionen. Im Zustand der Unordnung und maximaler Symmetrie, heben sich alle Ereignisse in ihrer Wirkung statistisch auf. Die Frage ist also, ob die Wellenfunktion einen solchen Nichtgleichgewichtszustand maximaler Information und damit nach Shannon positiver Entropie (im Zuge der künstlichen Präparation und Isoliertheit des Systems), einen äußerst unwahrscheinlichen Zustand beschreibt, welcher durch die Messung entschieden, wieder in einen eher natürlicheren Gleichgewichtzustand (minimaler Information und Potenzialität) kondensiert?

Nach Shannon ist *Information* positive Entropie. Daher darf der Beobachter wiederum selbst nicht von der Ordnung des Systems getrennt betrachtet werden. Mit anderen Worten muss nicht nur E = konstant, sondern die Summe aus Energie und Information als konstant gefordert werden. Bildlich gesprochen also nicht nur der Gasbehälter mit den zwei sich durch – oder entmischenden Gasen, sondern die Summe aus dem Behälter und maxwellschen *Dämon* betrachtet werden. So könnte man in einem gewissen Sinne behaupten, dass der kosmische Wettlauf im Sinne Shannons, zwischen Entropie (Chaos, Wärmetod) und die als positive Entropie interpretierte Information (Ordnung, Wissen), also gewissermaßen zwischen Mensch und Natur verläuft? Die Frage ist daher ob die Erhaltung der Energie nicht nur durch die Homogenität der Zeit, sondern auch durch die (Quanten)Entropie und damit der (thermodynamischen) Zeit ausgedrückt werden kann. Wenn ja, müsste strenggenommen so bereits die Energie selbst in ein Real – und Imaginärteil aufgespalten werden.

In jeden Falle bleibt festzuhalten, dass erst durch Deuten und Tun von Subjekten, erst wenn diese virtuellen Wellen auf bestimmte Eigenschaften hin abgehört, konzentriert, fixiert oder konstituiert werden, sie zu aktualen Dingen, Realitäten im gewohnten Sinne werden. Es stellt etwas von rein erkenntnistheoretischem Charakter dar. Ein Informationsatom das zwischen Anfang und seiner Registrierung keine Lokalisierbarkeit hat. Hier liegt das wesentliche des Experiments der verzögerten Wahlentscheidung.

9.2 Der Informationsbegriff

Die Tatsachen der Natur sind Wirklichkeiten und die Tatsachen in welche Wirklichkeiten teilbar sind, sind ihre erfassen Informationen. Der Informationsbegriff muss also zwingend zum Thema der Wissenschaft werden, denn die einzigen konkreten Tatsachen mit deren Hilfe Wirklichkeiten analysiert werden können, sind erfasste Informationen. Alle Wissenschaft zieht daher ihre Erkenntnis aus ihnen. Wir müssen diesen Schritt, daher die explizite Einführung der Information als physische Größe vollziehen, da sie mit dem Dasein bereits gesetzt und vollzogen ist.

Dazu Neville: „Ihr Selbstbild ist der Maßstab, an dem Sie die Welt messen. Alle Dinge werden in Beziehung zu Ihrem gegenwärtigen Selbstbild beurteilt. Das Selbstbild jedes Menschen ist eine schwungvolle Note in der kosmischen Symphonie, und jene Note bestimmt den Wert von allen Noten in Beziehung zu sich.

Bewusstsein ist die formlose Tiefe, in der alle Dinge leben, sich bewegen und ihr Sein haben und außerhalb der Dinge keine Realität haben. Mich *gibt-es*. *Ich-bin* ist Ausdruck des Bewusstseins, das wir nie verlieren können. Es gibt keinen Ort an den der Mensch gehen kann, ohne zu wissen dass er ist. Ihr einziges Entkommen liegt in der *Nicht-Bindung*. Ausnahmslos alles, was diesem ewigen *ich-bin* hinzugegeben wird, ist eine Konditionierung des Unendlichen und somit eine von unendlich vielen Möglichkeiten. Das *ich-bin* ist das große Haus mit unendlich vielen Zimmern (Bewusstseinszuständen) und wir alle, fragmentiertes und doch vollständiges Bewusstsein, können jedes Zimmer betreten (uns in jeden Bewusstseinszustand kleiden), um diesen dann unweigerlich in der Außenwelt auszudrücken. Sie sind nicht was Sie sind, wegen irgendetwas in der Welt, ganz im Gegenteil, die Welt ist wie Sie ist, wegen dem was Sie sind; das *was* ist der Maßstab oder Wert, den Sie sich selbst auferlegt haben. Kurz gesagt: Ihr Selbstbild ist die Gussform, die der Konzipierende nutzt um Ihre Welt zu besiedeln.

Der Naturprozess beruht also auf einen inneren Zusammenhang zwischen Ding und Erkenntnis und beschreibt Wirklichkeit als Geschehen steter Energietransformationen. Empfindungen sind die Bindungen untereinander, durch welche das, was der eigenen Individualität verschieden ist, in ihr aufgenommen wird. Der Prozess des Erfassens ist also ein Vorgang der Umwandlung alternativer Energieformen durch Objektivierung. Die Distanz von Sein und Wissen bezeichnet daher keinen Abstand, sondern eine Isomorphie. Dieser Sachverhalt muss sich also daher auch formal in einer *Äquivalenzbeziehung* von Energie und Information niederschlagen. In dem Prozess wechselseitiger Objektivierung von einem Ereignis oder Einzelwesen auf das nächste, fließt Energie und Information wechselseitig in und auf einander über.

Der Energiebegriff verkörpert analog betrachtet, den des Geldes in der Kulturwelt. Beide repräsentieren im Wesentlichen das *Substrat* ihres jeweiligen Habitats. Ein hochgradig abstraktes Konvertierungs, Wert - und Formelement, das weit weniger einen quantitativ, statisch bestimmten Eigenwert darstellt, sondern dessen Wert im Wesentlichen durch Nachfrage, Information und Konvention bestimmt wird. Das wissenschaftliche Paradigma bestimmt dabei über die möglichen Nachfragen, durch den ihr angemessenen Fragehorizont ihrer Zeit und den damit implizit vollzogenen Klassifikations - und Ordnungsschemata.

Alle physikalischen Vorgänge verlaufen im Raum, aber es ist der Möglichkeitsraum, doch nicht eben der Möglichkeit der Wahrscheinlichkeit im Sinne eines Unwissens oder einer Verminderung von klassischer Gewissheit, sondern es ist die Möglichkeit im Sinne eines *Models*. Der Darstellung und Einteilung von der Natur in Kräfte und Wirkungen und damit kausaler Beziehungen eines systemischen Ganzen. Es ist der Raum der Lösungen und Loslösung durch den kontinuierlichen Prozess der Schöpfung, Wertschöpfung und der Verwirklichung in ein erstarrtes wehrhaftes Sein.

Im Prozess der Selbsterschaffung ist Teilbarkeit notwendig für Wirklichkeit. Die Erschaffung der Welt durch das Hereinkommen eines bestimmten Ordnungstyps, als Symbol der Epoche die er repräsentiert. Informationen sind also mögliche Schnitte, Abgrenzungen und Klassifikationen einer reduktionistischen Struktur. Als Konsequenz kann die im Wesentlichen den Objektcharakter repräsentierende Energie, immer nur in Bezug zur Größe der Information für ein Subjekt verstanden und dargestellt werden. Es muss also die Planckkonstante nicht nur als die kleinste energetische, sondern auch als das kleinste mögliche Informationsmaß betrachtet werden, was wiederum Konsequenzen für die Anforderung oder prinzipiellen Quantisierungsmöglichkeiten der Raum-Zeit zu Folge hat.

Realisierte Potenzialität ist Struktur und Struktur eine Menge an Information für ein verstehendes Sein. Information als globales Konzept, das den formal möglichen Existenzbereichen Rechnung trägt. Die Auswahl der Grundeinheit der Information hängt dabei von den verfügbaren Mitteln ab. Die Relativität der Information besagt grade die Transformation von einer Definition zur nächsten. Information ist das Maß der Menge an Form. Information wird immer im Sinne von möglichen Teilungen oder Abgrenzungen interpretiert und vollzogen.

Im Zuge eines Paradigmenwechsel fließt also kein neuer Weltstoff von außen hinein, es ändert sich also nur die Haltung zu den inneren Bezügen (Nexus, Paradigma). Das Problem besteht also vorwiegend darin, eine einheitliche Definition für den Informationsbegriff in Bezug und Anlehnung zum Energiebegriff zu finden. Wobei Information in diesem Sinne also primär keine auf das Bit bezogene quantitative Einheit bezeichnet, sondern auf eine mögliche physikalische Kenntnis oder Realisierungsmöglichkeit. Potenzialität bedeutet in der Physik die Realisierung eines Experimentes und in der Quantenmechanik damit eine Ja/Nein Entscheidung in Hinsicht auf eine messbare Alternative.

In Bezug zur Information oder Entropie ist sicher der Punkt, wo sich Quantenphysik und die ART in ihrer extremsten Form berühren (und schließlich versagen) interessanter: Schwarze Löcher. Innerhalb des Ereignishorizontes (strenger Singularität) kann es, verursacht durch Gezeitenkräfte keine Subsysteme und damit Subjekt-Objekt Relationen, folglich keine stationären Differenzen und somit wenigstens (theoretisch) messbare Energien mehr geben. Kurzum, die Möglichkeit von Wechselwirkung (welche ja grade erst Materie konstituiert) ist nicht mehr gegeben. Was passiert also mit dem bereits vollzogenen Teilungsschema der in und als Teilchen oder Kräften codiert war?

Die Information wird als Entropie proportional zur Kugeloberfläche des Ereignishorizontes verortet, also gewissermaßen *dekonstituiert*. Das schwarze Loch stellt also quasi den inversen Konstitutionsprozess des Standardmodels, in oder durch ein topologisches Übersetzungsprinzip dar. Kraft ist eben nur eine Form der Darstellung oder Vermittlung von Kausalität. Statistik und Topologie sind andere. Die Umwandlung von Energie (einfallende Teilchen) durch deren raumzeitlichen Dekonstitutionen münden eben nicht *in* einer räumlichen Singularität, einem ontischen Nichts, sondern als *point of conversion*, indem die verfügbare Information als Entropie des Ereignishorizontes nun das schwarze Loch (auch wenn es selbst *nur* Raumzeit verkörpert) aufspannt.

Nach Whitehead bleibt *Verräumlichung* der einzige Weg und Möglichkeit zu einer halbwegs anschaulichen und verständlichen Philosophie zu sein. Der Raum ist die erste Form von Ordnung und als Teilungsschema nicht nur ein passives Medium, sondern er ist *Alles* und *Nichts* zu gleich. Er ist Koordinatensystem (hintergrundunabhängig oder dynamisch), ist Kraft, Medium und Potenzial. Für sich besitzt er absolut keine Bedeutung. Nur Felder oder Differenzen sind messbar und somit real. Minimalvoraussetzung für den Raum selbst sind also bereits vollzogene Subjekt-Objekt Relationen im Sinne Leibnitz. Andernfalls besitzt er analog bestenfalls virtuellen oder Eichcharakter. Er ist wahrscheinlich die für uns einzig mögliche und oder denkbare Form der Anschauung, Wahrnehmung und somit letztlich der Erfahrung. Setzen wir den Raum, dann somit implizit Relationen, Objekte und als Reparaturmechanismus in der Regel Kräfte, folglich zeitlich resultierende Wirkungen.

Alles in der Welt verwirklichte sind Subjekt-Objekt Relationen, also systemische Zusammenhänge, welche somit wiederum inneren Systemgrenzen unterliegen. Wir können diese blinden Flecken entweder als Potenzialität oder prinzipielle Grenzen (der Berechenbarkeit und Beweisbarkeit, physikalisch ausgedrückt als Grenzen der Messbarkeit und damit implizit Realität, oder informationstechnisch als Grenze des Wissenkönnens) betrachten. Das Universum ist aufgrund dieser winzigen Systemunschärfen sowohl deterministisch, als auch zufällig oder chaotisch. Man mag dies als ein erkenntnistheoretisches Schachmatt auffassen, doch tatsächlich entspricht dies im ewigen Kampf Objekt (Natur) versus Subjekt (menschliche Erkenntnis) nur einem Remis. Und mehr braucht es auch nicht. Alle Erfahrung lehrt, dass die Natur somit auch keine Energie dort investiert, wo es nicht absolut notwendig ist, wir aufgrund der menschlichen Disposition hingegen niemals in perfekter Harmonie zu leben vermögen. Für uns zählt nur der Sieg. Die Beherrschung der Naturwelt: Das Absolute.

Wie können wir also (spieltheoretisch formuliert) einen so mächtigen Spieler, der fortwährend auf ein Unentschieden setzt und dabei nur einigen wenigen restriktiven elementaren Symmetrieoperationen unterliegt, nun dennoch schlagen? Wie erwähnt kommen wir nicht um die Subjekt-Objekt Verschränkungen und damit der elementaren Systemgrenzen umhin. Doch Erkenntnis ist nach Weizsäcker selbst ein Prinzip der Natur. Erkenntnis ist somit immer auch Konstitution und umgekehrt. Wir können also aufgrund des Fehlens absoluter Objekte, Entitäten oder Wahrheiten uns so derart ein Vorteil verschaffen, indem wir selbst definieren was wahr ist, was wir in der Welt ausgedrückt sehen wollen. Wahrheit ist in der Existenz, oder physikalisch ausgedrückt in der Messung.

Alle Realität muss prinzipiell immer empfunden werden. Sei es nun formal oder durch die technischen oder genetisch vererbten *Messgeräte* und Empfindungsweisen, welche somit immer auch eine bestimmte Art von Sein konstituieren. Dies drückte wie erwähnt Heidegger so aus: Das Dasein geht konstitutiv der Welt voran, ist aber selber nur aufgrund von Welt. Welt stellt einen wechselseitig von einander abhängigen und aufeinander bauenden Bestimmungsbegriff dar. Wir kommen daher nicht hinter das Dasein (daher im Allgemeinen kausal-raumzeitliche Empfindungsweisen) mit unserem Wurf *in-die-Welt* zurück.

Alles Seiende sind *Subjekt-Objekt-Relationen* welche durch wechselseitige (raumzeitliche) Differenzfunktionen Realität konstituieren. Das Dasein bricht mit seinem konstitutiv ordnenden Charakter, also einer komplexen Wechselwirkung die Zeitsymmetrie. Entropie wird somit entweder sehr wahrscheinlich oder sehr unwahrscheinlich, erzeugt also den Eindruck einer ausgezeichneten Richtung. Entropie ist der Preis für Gesetze, für die Möglichkeit des Wissenkönnens. Zeit ein rein statistisches Phänomen oder Ursprung. *Time keeps everything from happen at once.*

Doch Zeit ist an die Fähigkeit des Gedächtnisses geknüpft, somit ein rein menschliches Konzept des Daseins. Nur wir vermögen uns zugleich eine Vergangenheit und Gegenwart vorzustellen, welche in eine Zukunft anschwillt und ein kausal deterministisches Band in Form mechanistischen Ursachen und Wirkungen (Gesetze) zu weben. Für alles andere existiert wahrscheinlich keine solche Form von Seienden. Die Welt *just-is* und damit die Notwendigkeit von Ursachen, Folgen und Kräften nicht mehr gegeben.

Das Quantenvakuum auf Planckskalen bleibt uns dagegen nicht nur physikalisch der Messung unzugänglich, sondern hier verlieren generell die Konzeptionen von Raum, Zeit und Energie ihren Sinn. Es gibt kein vorher, nachher, keine Kausalität oder (lokale) Energieerhaltung, nicht einmal die Möglichkeit von Längendefinitionen ist auf dieser Ebene gegeben. Keine Entität ist in irgendeinem Sinne elementarer als alle seine übrigen Bausteine dieses fluktuierenden und brodelnden *in-und-aus-der-Welt-Tretens* anzusehen. Alles was *möglich* ist, scheint auch bereitgestellt zu werden.

Diese Welt entzieht sich gänzlich allen Erkenntnissen und Gesetzmäßigkeiten, zumindest in dem Sinne, wie wir sie einzig verstehen oder zu denken vermögen. Potenzialität bedeutet in der Physik die Realisierung eines Experimentes, daher einer Messung. Letztlich scheint so auf alles möglich oder realisierbar, sofern eine konsistente Theorie, also konstitutiver Zusammenhang dahinter steht. Doch diese richtet sich eben nicht an *der* Wirklichkeit aus, sondern der Wirklichkeit der Gegenwart (Paradigma). Nicht mehr und nicht weniger. Genau wie der menschliche Organismus und sein Genom jedweden Weg hätte nehmen können, so auch die sich ständig vollziehende Realität und Wirklichkeit.

Doch grade die Unzugänglichkeit und Unfähigkeit Gesetze dem Quantenvakuum zu entlocken, scheint eine gewisse Subjektunabhängigkeit zu signalisieren, welche sich für alle möglichen Perspektiven und Standpunkte wohl universell als gleich unmöglich darstellt. Dies macht den *Quantenschaum* zum idealen Kandidaten für Realität im naiven Sinne, aber aus oben genannten Gründen zugleich zum ungeeignetsten.

Man unterliegt also somit fast wieder zwanghaft der Versuchung ein reduktionistisches Weltbild zu zeichnen, in welchen nun das Quantenvakuum oder der Quantenschaum, an die Stelle der Atome als universeller Motor und primärer Baustein allen Seienden tritt und alle *darüber liegenden* Schichten, angefangen vom Quantenobjekt, das eine Art Zwischenstellung zwischen Klassik und dem Quantenvakuum, das heißt zwischen von Möglichkeit und Faktizität, Bestimmtheit und Ungewissheit, Subjekt und Objekt annimmt, bis grade hin zu den rein Objektbasierten Entitäten der Klassik, sie alle als rein sekundäre emergente Phänomene hinsichtlich ihrer Realität ansieht.

Reduktionismus ist eine reale physikalische Konzeption, nicht geringer oder gar mächtiger als Kausalität. Das Quantenvakuum stellt als Folgeglied in der Entwicklungslinie der Physik gewissermaßen eine denknotwendige aufzufüllende Erklärungslücke dar. Das Quantenvakuum verkörpert also ein reales physikalisches Objekt mit indirekt messbaren (Aus)wirkungen, wie zum Beispiel den Cassimireffekt, stellt aber aufgrund der Unschärfe, also der Unmöglichkeit eines direkten physikalischen Zugangs durch Messung, auch eine reine Potenzialität und endlose Energiequelle dar. Ein mathematisches Universum, wenn man so will, dass es eben ermöglicht, aufgrund der Energie-Informationsäquivalenz, virtuell in real und möglich in faktisch zu überführen, also die Existenz der Quantenfelder der Grundkräfte so erst zu ermöglichen. Diese beziehen sich dann somit selbst auf rein semiklassische Konzeptionen und Entitäten, als eben auch auf reine Messwahrscheinlichkeiten und nicht auf elementare subjektunabhängige Entitäten. Die Äquivalenz von Ontologie und Epistemologie oder Energie und Information als Differenzierungsfunktion grade der Energie, konstituiert oder ermöglicht erst so etwas wie Realität.

Im reduktionistischen Sinne gäbe es in einem Universum ohne Objekte, aufgrund des Quantenvakuums zwar so etwas wie eine Raumzeit (Feldcharakter), aber im epistemischen Sinne eben kein

Raum (subjektabhängiges Koordinatensystem) ohne ein Objekt oder Subjekt *in* ihm. Da aber alle Quantenfelder der Grundkräfte auf irgendein raumzeitliches Koordinatensystem angewiesen sind, anderseits physikalisch sinnleer bleiben, ist man also auf eine dualistisch-holistische Beschreibungsweise von vornherein angewiesen. Nach Lyre liegt grade hier der Schwachpunkt der ART, die eben den Unterschied zwischen mathematischen Koordinaten und Transformationen und einen physikalischen mit Metermaßstäben bewaffneten Beobachter nicht angemessen zum Ausdruck zu bringen vermag.

Doch was des einen Leid, ist des anderen Gunst. Eine naturphysikalische und holistische *bootstrapping* Philosophie (Stringtheorie) macht sich diesen Aspekt zu Nutze. Hier wirkt grade die (physikalische) *Unschärfe* nicht als eine Grenze, sondern vielmehr als eine Art Brücke, welche die wilden Gewässer des virtuellen Vergehens und Entstehens glättet und so die QM und ART zu verbinden vermag. Insofern sind *Stringtheorien* wohl eine echte Alternative, aber ohne Berücksichtigung der Energie-Informationsäquivalenz, eben auch nur ein Abbild alter Anschauungsformen in einem neuen Gewand.

Während die M-Theorie mehr oder weniger nur die *QFT* (wenn auch auf einer sehr viel grundlegenderen Ebene) emuliert oder simuliert, würde eine verallgemeinerte, rein abstrakt axiomatische Formulierung der Stringtheorie, grade die formal und empirische Umsetzung Spencer Browns Programms repräsentieren: Wie gelangt man zu einer Welt (und damit zu einer Realität), wenn man gewisse (räumliche) Unterscheidungen trifft. Nochmals zur Erinnerung: *Abgrenzung* ist das bestimmende Element einer jeden Wirklichkeit und der Raum stellt dabei das potenzielle Kontinuum dieser empirisch möglichen Relationen, Begrenzungen, Teilungen, Abgrenzungen, Klassifizierungen und Parametrisierungen (also im allgemeinen möglichen Unterscheidungen) dar. Die nahezu unendliche Lösungsvielfalt ist letztlich wohl nur Ausdruck aller dieser potenziellen Repräsentationen und damit konstruktivistisch möglichen Schöpfungsleistungen. Somit ist das anthropomorphische Prinzip nur in dem Sinne angebracht, als das wir rein zufällig am anderen Ende dieser Subjekt-Objekt Relation stehen und eben grade die Lösungen und Darstellungen bevorzugen, welche uns als selbstverständlich (Klassik und OFT) gegeben erscheinen.

Doch das Ziel ist nicht die Beschreibung oder Darstellung der Wirklichkeit der Gegenwart, sondern der Zukunft, also einer möglichen Realität. Denn auch das Universum erwachte erst im Lichte seiner eigenen vorbefindlichen Existenz (ob wir nun grade dabei dieses reflexive Licht verkörpern oder nicht); es war während seiner eigenen Geburt nicht eigentlich *da*. Das aller erste hat daher keinen Namen. Es ist eine reine Potenzialität oder Unschärfe. Und da jedes Seiende nur aus seinen eignen Bedingungen heraus sein kann und ist, heißt Welt somit immer: Ein Potenzial oder Entwurf auf das eigenste *Seinkönnen*.

Mit anderen Worten repräsentiert der String in der axiomatischen Formulierung nicht zwingend ein physikalisches Objekt, sondern nur den notwendigen ersten Zirkeleinstich, einfach aus dem Fakt folgend, da wir eben immer irgendwo beginnen müssen. Die abstrakt axiomatische Formulierung der Stringtheorie ist also letztlich nur die konkrete Formel oder Ausformulierung, Bedienungsanleitung oder Schablone der Energie-Informationsäquivalenz und damit implizit von möglicher Realität und damit bereits vollzogenen Paradigmenwandel vom *Was* zum *Wie* der Wirklichkeit und damit der Schöpfung selbst. Doch hier sind wir bereits am Ende unseres kleinen Diskurses in die Welt der Organistik und metaphorisch genau dort angekommen, wo die Schlange ihr eigenes Ende verschlingt.

10 Das „*achte*" Millenniumproblem für Supernerds

Der wesentliche Streitpunkt im Rahmen der «Gibt es eine Quantenwelt?» Diskussion und damit einhergehenden Realitätsstreites, bleibt der implizit mit den Quantenobjekten geforderte abstrakte Begriff der Messung, respektive Beobachter. Vereinfacht ausgedrückt lassen sich die verschiedenen Standpunkte dabei in zwei Kategorien zusammenfassen. Entweder man interpretiert die *Psi-Funktion* als mögliches Wissen potenzieller Zustände und oder Ausgänge in Bezug zu einer möglichen Messung und betrachtet von vornherein den Realitätsbegriff nur auf klassische Phänomene (insbesondere das messbare Phänomen Teilchen selbst) anwendbar, oder man schreibt den durch Zustandsvektoren repräsentierten Quantenobjekten permanenten Realcharakter (die aber eben formal nicht gänzlich unabhängig von der Messung sein können) zu. Erstere Auffassung spiegelt die antirealistische Kopenhagen, zweite eine quantenphysikalische Realauffassung wider.

Im Zuge der Präparation und nachfolgend irreversiblen klassischen Messung (beide müssen sich zumindest auf *irgendetwas-Seiendes* beziehen) scheint eher die quantenphysikalische Realauffassung, wenn auch aufgeweichten Realitätsbegriffes im Sinne von Entitäten dispositionaler Eigenschaften (kontextabhängig) oder Propensitäten (objektive und modale Tendenzen); hingegen alles *dazwischenliegende* die Kopenhagener Interpretation (ein Seiendes kann nicht zugleich all seine Möglichkeiten sein) zu stützen. Beide Auffassungen sind jedoch sowohl nicht miteinander, als auch nicht mehr mit der (naiven) Realitätsauffassung der Klassik vereinbar.

Tatsächlich gibt es prinzipiell keine rein quantenmechanische Frage (Messung) in diesem absoluten Sinne: Wer oder was bist du? – was eine klassisch analoge und vollständige Antwort zulassen würde und so gewissermaßen auf ein starrsinniges *Eigenleben*, unabhängig von der Observablen oder Beobachtung deuten würde. Die Quantenmechanik ist nur die formale Selbstanalyse dieser Bewandnisganzheit. Die fassbare Umwelt kann nicht auf uns einfließen, ohne entschieden zu werden. Wir müssen diese Momentaufnahmen abgleichen. Der Messprozess formalisiert diesen Aspekt nur. Er verkörpert die formale Analyse des Begriffs *Beobachter* und daher Erkenntnis per se und jene ist nun mal das konstitutive Moment und Vorraussetzung für Wirklichkeit und nicht umgekehrt, wie uns die Klassik glauben machen will, Wirklichkeit die Voraussetzung für Erkenntnis.

Die Lösung des Messproblems erfordert wie aufgeführt im Wesentlichen den Übergang (Reduktion oder Kollaps) von einer Superposition in einem definiten Ausgang in Bezug auf eine *feste* (Zeiger)Basis. Der Kollaps erscheint aus Sicht der Schrödingergleichung dabei nichtlinear, jedoch mit dem Phänomen der *Dekohärenz* (lokale Delokalisierung der Superpositionen und Reduktion auf schmale Wellenpakete der Zeigerbasis), dem *tri-orthogonal uniqueness theorem* (die Zerlegung in orthogonale Zustände des dreifachen Produktraumes von Quantenobjekt, Messgerät und Umwelt) ist eindeutig, auch wenn der Umkehrschluss nicht gilt und *pointer states* einer bevorzugten Basis (umweltbedingte Superauswahl, da das verschränkte Netzwerk über einen gemeinsamen Konsens verfügt) verständlich, wenn auch nicht vollständig gelöst. Erst die Energie-Informationsäquivalenz schließt diese Lücke, durch den subjektbasierten Übergang von reinen Möglichkeiten zu irreversiblen beobachterunabhängigen klassischen Fakten.

Doch sollte der Kollaps von Möglichkeiten auf ein Zweig oder schmales Wellenpaket der Wellenfunktion genauso wenig überraschen, wie das Ergebnis eines Münzwurfes. Der eine Vorgang wird eben nur rein mathematisch (statistisch), der andere jedoch rein physikalisch interpretiert. Doch in der Tat ist wie

Weizsäcker versuchte zu zeigen, die Quantenmechanik nur die physikalische Umsetzung oder Formulierung der Wahrscheinlichkeit. Das heißt: Aus der Wahrscheinlichkeit folgt bereits die Quantenphysik und umgekehrt.

Betrachtet man dabei den individuellen Messprozess dieser holistischen Strukturganzheit im Sinne Bohrs und damit auf Basis einer unteilbaren Subjekt-Objekt *Verschränktheit*, sprich einer *ontologisch-epistemischen* Isomorphie oder physikalisch gesprochen, eben auf Basis einer *Energie-Informationsäquivalenz*, so lösen sich alle Widersprüche von selbst auf. Sowohl das Quantenobjekt (ohne diesen von vornherein irgendeine Substanzphilosophie zu unterstellen oder per se als raumzeitliche Disjunktion betrachten zu wollen), als auch der *Wahrscheinlichkeitskatalog* (Psi-Funktion) sind somit nicht der Realität nachgestellt, sondern stehen gemeinsam in einer wechselseitig sich bedingenden und aufeinander bauenden Strukturganzheit, konstitutiv *vor* dem klassisch emergenten Phänomen Wirklichkeit. Der Quantenmessprozess *formalisiert* die *Bedingungen und Voraussetzungen von Erkenntnis*, ergo Realität oder Wirklichkeit, da es in der Physik keine andere Möglichkeit gibt, als Realität oder Wirklichkeit über Messung zu definieren: **Real ist was gemessen werden kann!**

Doch da der Quantenmessprozess selbst *unteilbar*, also unserer Erkenntnis und Bestimmung unzugänglich ist, bleibt es daher sinnleer nach einen *entweder-oder* zwischen realen Quantenobjekten und oder deren potenziellen Zustandsbeschreibungen, einfach ausgedrückt, zwischen Möglichkeiten und klassischen Fakten unterscheiden zu wollen. Beide Darstellungen oder Auffassungen sind völlig gleichwertig, oder anders formuliert, im ungestörten Quantenmessprozess undifferenzierbar und daher äquivalent. Das ist der gravierendste Unterschied zur Klassik überhaupt. Die Klassik ist eine Mechanik der *Fakten*, die Quantenmechanik eine der *Möglichkeiten* und damit implizit Subjekt – und Wahrscheinlichkeitsbasiert.

Wie lässt sich die obige These der Energie-Informationsäquivalenz nun beweisen oder widerlegen, wenn wie erwähnt der Quantenmessprozess selbst nicht beobachtbar ist? Prinzipiell stünden wohl zwei Alternativen zur Hand. Erstens als *direkter* Beweis indem man zeigt, dass die oben gemachten Annahmen zu keinerlei Wiedersprüchen zu den Vorhersagen der Quantenmechanik führen. Mit anderen Worten man also zeigt, dass die hier postulierte Äquivalenz von Energie und Information sich weder *formal* mit den Mitteln der Quantenmechanik, noch *experimentell* widerlegen oder beweisen lassen. Doch wenn somit verschiedene Darstellungen äquivalent sind, entscheidet in der Regel die Theorie mit dem größeren Erklärungsinhalt, beziehungsweise Ockhams razor.

Eine weitere Möglichkeit eines direkten Nachweises wäre der Beweis obiger These der axiomatischen Formulierung der Stringtheorie und damit gleichzusetzen, der eigentlichen Formel der Energie-Informationsäquivalenz, indem man zeigt, das es zu jeder möglichen potenziellen Realisierung eben genau mindestens eine Lösung, also mögliche Formulierung der Stringtheorie und damit messbarer Realität gibt.

Ein weiterer Ansatz verfolgt wie oben angedeutet Weizsäckers Hypothese: Quantenmechanik ist eine Theorie der Wahrscheinlichkeit. Da die Wahrscheinlichkeit (im Sinne eines echten Zufalls) der Quantenmechanik als immanent gesetzt oder wenigstens vermutet wird, muss diese auch aus der Theorie selber begründbar sein. Nach Heidegger geht das Dasein (formal also die Wissenschaft) konstitutiv der Welt voraus, ist aber selbst nur aufgrund von Welt. Der (konstitutive) Einsatzpunkt moderner Naturtheorien ist zweifelslos der Symmetriebegriff und die Mutter aller Symmetrien ist der faire Münzwurf.

Auch wenn wir uns keine Welt vorstellen können, wo diese gleichverteilte Symmetrie des Münzwurfes oder Würfels gebrochen ist, sollte doch prinzipiell kein Zahlenwert bevorzugt sein. Man mag diese Gleichverteilung grade als Ausdruck dieser Unvoreingenommenheit ansehen, doch andersherum formuliert: Die Anzahl der Seiten eines Würfels oder einer Münze mit der Wahrscheinlichkeit ihres Auftretens zu korrelieren, ist alles andere als eine triviale Forderung. Im Grunde genommen schon ein *ontologisch-epistemisches Postulat* oder wenigstens eine Brücke, denn diese ist letztendlich nur mit Hilfe von empirisch begründeten relativen Häufigkeiten, also zeitlich sukzessiven physikalischen Sachverhalten (für ein Beobachter) überquerbar.

In der Physik übernimmt diese Aufgabe in der Regel die Entropie, welche die Anzahl der Zustände auf Basis einer inneren Symmetrie mit der Wahrscheinlichkeit ihres Auftretens verbindet. Anderseits erlaubt hingegen auch das statistische Gesetz die Vereinigung von Nichtlokalität und Relativität. So fragt etwa Born, ob die Wahrscheinlichkeit nicht nur unsere Unfähigkeit, oder gar die prinzipiellen Bedingungen für Kausalität zu bestimmen ausdrückt, was sicherlich war ist.

Der Determinismus ist die Forderung nach Invarianz der Wahrscheinlichkeit unabhängig von unserem Wissen. Aber der faire Münzwurf erfordert hingegen ein subtiles Gleichgewicht von echten Zufall und Determinismus, damit die Seiten unvorhersehbar, doch aber statistisch korreliert gleichverteilt auftreten. Echter Zufall ist aus der Klassik wohl nicht ableitbar, sondern beginnt erst auf atomarer Ebene mit der *Heisenbergschen Unschärfe*. Daraus folgt eine Mechanik der Möglichkeiten wie sie die Quantenmechanik durch die erwähnte Subjekt-Objekt Struktur beschreibt. Die Klassik handelt von Fakten, die Quantenmechanik von Möglichkeiten. Erst beides zusammen ermöglicht jedoch erst die Wahrscheinlichkeitstheorie.

Es kann somit prinzipiell keinen klassisch *fairen* Münzwurf, sondern nur ideelle Ziehungen geben, die aber eben aus der Erfahrung, also von den empirischen (klassischen) Wahrscheinlichkeiten abgeleitet sind. Da klassische Würfel nur einen *Fehler* herausmitteln, wäre es daher zirkulär, Wahrscheinlichkeit mit (klassischer) Wahrscheinlichkeit begründen zu wollen und Quantenwürfel *funktionieren* eben nicht im klassischen Realitätsbereich, sondern nur auf der quantenphysikalischen Möglichkeitsebene ohne Fakten. Mit anderen Worten: Aus der Wahrscheinlichkeitstheorie folgt bereits die Quantenmechanik und jene fußt, wie wir hoffentlich zeigen konnten, auf einer Ontologie-Epistemologie-Äquivalenz.

Ein weiterer möglicher Ansatz folgt über ein selbstreferenziellen Beweis oder Nachweis. Die Idee stammt dabei von Gödel selbst. Aussagen über ein System mit Hilfe des Systems selbst zu gewinnen. Wir müssen dabei also auf eine höhere Metaebene gelangen. Dies gelingt uns mit Quantencomputing. Die Berechtigung leitet sich also daher ab, dass beide Ebenen auf das gleiche Betriebssystem (Quantenformalismus) zurückgreifen. In der Tat sind beide (quantenphysikalischer Messprozess und Quantencomputing) ein und das Selbe, nur dass neben der syntaktischen (physikalischen) Messebene, nun eine semantische quasi Huckepack, nach den Rechenregeln der Quantenmechanik abgeleitet wird, welche aber eben nicht gänzlich unabhängig voneinander sind.

Die Ontologie-Epistemologie Äquivalenz lässt sich in dem Sinne auch umformulieren, denn es gibt nicht so etwas wie das Subjekt eines Subjektes, so wenig wie der Geist *gleichzeitig* Subjekt des Organismus und Objekt seiner eigenen Reflexion oder etwa das Universum zugleich selbst Objekt seiner eigenen Beobachtung sein kann. Entweder wird also der Beobachter quasi außerhalb des Universums gestellt (Außenperspektive) oder er ist als Beobachter innerer Teil, somit entstehen aber blinde Flecken.

Das Bewusstsein betrachtet sich in der Selbstreflexion (quasi stehend und losgelöst von sich selbst), als Gegenstand oder Objekt der Reflexion auf einer höheren neuronalen Metaebene. Doch bewirken diese rekurrierten Reflexionen wiederum auch neuronale Modifikationen, mit anderen Worten physische Veränderungen. In diesem Sinne kann also auch die Energie-Informationsäquivalenz umformuliert werden: **Information über Information ist bereits Wirkung**. Die Frage ist also, was passiert in einem analogen Quantengedankenexperiment, auch wenn sich dieses natürlich so nicht umsetzen lässt, aber doch den wesentlichen Kerngedanken veranschaulichen soll.

Vollführen wir ein einfaches Katzenexperiment und messen. Wir lassen aber den Kasten mit der Katze dabei noch zugedeckt. Was Messen dann in diesen Zusammenhang bedeutet, sei erst einmal dahingestellt (obwohl dies wahrscheinlich grade der Knackpunkt ist). Dass ein definiter irreversibler Endzustand vorliegt, wissen wir daher, dass wir das Ergebnisbit kopieren (klonen) können. Als Katzenfreunde schauen wir noch nicht unmittelbar in unser mit der Messapparatur rückgekoppeltes Ausgaberegister, sondern kippen automatisiert das Bit wenn Null (tot) oder lassen es auf Eins (lebendig). In jeden Fall finden wir unsere Katze immer bei bester Gesundheit, sofern wir nachschauen. Die Frage ist warum? Handelt es sich hier also um eine Art *delayed-delayed-choice* Experiment über zwei Ebenen oder als Gesamtheit des Messprozesses um ein simples Weiterrechnen mit der Wellenfunktion (und damit natürlich veränderten Wahrscheinlichkeiten)? Werden generell die Vorhersagen der Quantenmechanik verletzt, wenn man eine derartige Energie-Informationsäquivalenz, also hier das wechselseitige Zusammenspiel von physischen und informellen Zuständen fordert? Dies gilt es vereinfacht gesagt mit Hilfe eines ausgeklügelten Quantenalgorithmus abzubilden.

Der Autor

Seit jüngsten Jahren war Christian Müller fasziniert von der Natur, ihren Prinzipien und Geheimnissen. Jedoch schon während des Studiums reifte in ihm das Gefühl, dass ein weitreichender Fortschritt in der Physik einen Neuansatz der Naturinterpretation erfordert.

So wendete er sich bald der Naturphilosophie zu. Durchdrungen vom Glauben an eine ganzheitlich holistische Struktur formte er sein eher prozessual auf das Werden gerichtetes Weltbild.

Später kam er mit den Philosophien von Heidegger, Whitehead, Maturana und Weizsäcker in Berührung. Hier fand er die Ansätze zu dieser Neuinterpretation der physikalischen Naturtheorie auf Basis des Äquivalenzbegriffes von Energie und Information, welche in seinem Buch „Analyse des Scheiterns oder das Prinzip der Selbsterschaffung" mündete.

Der Autor lebt in der Stille der Schweizer Alpen. Er arbeitet gegenwärtig als Programmierer.

novum VERLAG FÜR NEUAUTOREN

Der Verlag

„ *Wer aufhört besser zu werden, hat aufgehört gut zu sein!*

Basierend auf diesem Motto ist es dem novum Verlag ein Anliegen neue Manuskripte aufzuspüren, zu veröffentlichen und deren Autoren langfristig zu fördern. Mittlerweile gilt der 1997 gegründete und mehrfach prämierte Verlag als Spezialist für Neuautoren in Deutschland, Österreich und der Schweiz.

Für jedes neue Manuskript wird innerhalb weniger Wochen eine kostenfreie, unverbindliche Lektorats-Prüfung erstellt.

Weitere Informationen zum Verlag und seinen Büchern finden Sie im Internet unter:

www.novumverlag.com